禮記

中文經典100句

玄奘大學中語系季旭昇教授 總策畫

文心工作室 編著

〈出版緣起〉

站在文化巨人的肩膀上

季旭昇

「犁明即起，灑掃庭廚。忘著窗外，一片籃天白雲，令人腥情振忿。隨便灌洗一下，整理遺容之後，走到客聽，粘起三柱香，拜完劣祖劣宗，希望祖宗給我保屁。然後匆匆敢往朋友的壽宴，為朋友舉殤祝壽，大家喝的慾罷不能。談到朋友的事葉出現危機，我就建議他要摒持理念、拿出破力。朋友也免勵我要多用功，才能寫出家譽戶曉、擲地有聲的文章。晚上我開始發糞讀書，日以繼夜的終於寫完這一篇文章。」

這是用現在見怪不怪的錯字集錦而成的一篇小文，果然可以「擲地」，但是未必「有聲」。近年來，這種錯字太多了，老師開始憂心、家長開始憂心、社會賢達開始憂心，只有學生和教育主管當局不憂心，教育主管當局甚至於還要進一步削減中小學的國語文授課時數。終於，社會的憂心迸發了，由各界組成的「搶救國文聯盟」日前已起來呼籲教育主管當局要正視這個問題，不要坐視國家競爭力一日一日的衰落。

身為文化事業一分子的商周出版，老早就在正視這個問題了，所以洞燭機先地策畫了「中文可以更好」系列，為文字針砭、為語文把脈，希望把這些年語文界的毛病治好。各界反應還不錯。

語文的毛病治好了，體質還是不夠強壯。商周出版認為進一步要熬十全大補湯，讓我們的語文更強壯。這「十全大補湯」就是「中文經典一〇〇句」系列。

《荀子・勸學篇》說：

「吾嘗終日而思矣，不如須臾之所學也。吾嘗跂而望矣，不如登高之博見也。登高而招，臂非加長也，而見者遠；順風而呼，聲非加疾也，而聞者彰。假輿馬者，非利足也，而致千里；假舟楫者，非能水也，而絕江河。君子生非異也，善假於物也。」

學畫一定要先從芥子園畫譜學起。芥子園畫譜是初學者的「經典」。張大千的畫藝要更上層樓，所以要去千佛洞臨壁畫。千佛洞是張大千的「經典」。學書法的人要學二王顏柳，二王顏柳是書法界的「經典」。經典是古代聖賢才智的結晶，是民族文化的源頭。

多認識經典可以讓我們站在巨人的肩上，長得更快、更高。多認識經典可以讓我們的思想、文字帶有民族智慧、民族風格。

《論語》、《史記》、《古文觀止》、《孟子》、《詩經》、《莊子》、《戰國策》、《唐詩》、《宋詞》、《世說新語》、《資治通鑑》，《昭明文選》、《六祖壇經》、《曾國藩家書》、《老子》、《荀子》、《韓非子》、《兵法》、《易經》、《淮南子》、《元曲》、《孔子家語》、《閱微草堂筆記》（「中文經典一〇〇句」已出版），這幾本書應該是現代國民的「最低限度必讀經典」，做為這個民族的一份子，沒有讀過這幾本書，就稱不上這個民族的「知識分子」。但是，現代人實在太忙了，大人忙著五光十色、小孩忙著被教改、社會忙著全民英檢、國家忙著走出去，人人都在盲茫忙，商周出版因此為忙碌的人們燉一鍋大補湯，用最活潑簡明的文句，把經典的精粹提煉出來，讓大家可以在「三上」（馬上、枕上、廁上）閱讀。在做完文字針砭、為語文把脈、把病痛治好後，讓我們來培元固本，增強功力，站在文化巨人的肩膀上，看得更高，飛得更遠！

（本文作者爲台灣師範大學國文系退休教授，現任玄奘大學中語系教授）

〈導讀〉

從《禮記》學習做人的道理

一、《禮記》的名稱及其由來

《禮記》與《周禮》、《儀禮》並列為三禮，是從漢末鄭玄作注開始的。所謂「禮記」，原來是指「禮之記」的意思，「禮」指的是《儀禮》，《儀禮》在漢代居於經典的地位，而「記」是經的補充資料，主要是針對經的內容進行闡述或加以發揮。

在漢代，《儀禮》原本單稱《禮》，而闡釋發揮《禮》的資料則單稱《記》。《漢書．藝文志》談到：「《記》百三十一篇，七十子後學所記也。」這裡所謂「《記》百三十一篇」並不是說這是一部編輯完整的著作，內容包括一百三十一篇，而是說這種闡釋《禮》的零散文章，共有一百三十一篇，統統收集在《記》。這些《記》原本是提供漢代經師在課堂上傳授《禮》時，可以作為學生補充教材的文章。

相傳經師戴德就從裡面選擇了八十五篇，後來稱為《大戴記》；而戴聖所選的四十九篇，則稱為《小戴記》，又稱《禮記》，但是這時候《禮記》仍然沒有獲得獨立地位，也還沒有《禮記》這個正式名稱。

直到唐代初年，孔穎達等人編纂《五經正義》時，將《禮記》與《易》、《詩》、《書》、《左傳》並列，於是《禮記》晉升為經，從此獲得獨立的地位，甚至有凌駕《儀禮》的趨勢。南宋時，朱熹更取其中的〈大學〉、〈中庸〉兩篇和《論語》、《孟子》合稱「四書」，編成國家考試的基本教材，從此士人學子人人熟讀，也使得《禮記》的地位在無形中提高了。

如前所述，《禮記》是出於編輯的，所以各篇文章並非一時一人之作，但是此書究竟是如何編成的，古書幾乎沒有提及。學者認為應是出於孔子弟子及後學者之手，除了少數幾篇有作者名之外，大多數都不知道作者及確切的寫作年代。宋代以來，學者對於《禮記》各篇作者和寫作時間的考證並不積極，較值得注意的是朱熹在《四書集注》提到〈大學〉為曾子所作，而後來不少撰寫經學史的學者都尊崇這個說法。

大體而言，作者和著作年代的確認不是那麼重要，我們只要知道這些作品主要是先秦漢初年間的儒者就可以了，當然，如果能夠分辨出某些篇章出自哪一派別，自然更好，只是在目前資料不足的情況之下，實在無法輕易判定這些篇章的來源。至於《禮記》經常引出「子曰」、「子言之」的文字，讀者也不必執著以為一定都是孔子所說的話。民國初年學者梁啟超曾說：

> 禮記各篇所記「子曰……」、「子言之……」等文，不必盡認為孔子之言。蓋戰國秦漢間孔子已漸帶有神話性。許多神祕的事實皆附之於孔子，立言者亦每託孔子以自重，此其一。「子」為弟子述師之通稱，七十子後學者於其本師，亦可稱「子」。例如〈中庸〉、〈緇衣〉……或言採自《子思子》，則篇中之「子」亦可認為指子思，不必定指孔子，此其二。即使果為孔子之言，而輾轉相傳，亦未必吾附益或失真，此其三。要之，全兩部《禮記》所說，悉認為儒家言即可，認為孔子言則需審擇也。

梁啟超的話，可以作為我們判斷《禮記》資料的時代性一個很好參考。

二、《禮記》的內容

所謂禮，就是指制度、儀節、生活規範與習俗等，《禮記》就是討論這方面的各種問題。《禮記》全書約九萬九千字，可為分四十九篇，其中包含〈曲禮〉上下篇、〈檀弓〉上下篇、〈雜記〉上下篇，所以從篇名來看只有四十六篇。劉向的《別錄》曾經分《禮記》為十一類，例如：通論類、制度類、喪服類、祭祀類、明堂陰陽類、吉事類等等，顯示《禮記》多樣性的內容。除了劉向之外，梁啟超也曾對《禮記》各篇章進行分類，我們可以看到各篇所屬的性質為：

一、通論禮意及學術：〈禮運〉、〈經解〉、〈樂記〉、〈大學〉、〈中庸〉、〈儒行〉、〈坊記〉、〈表記〉、〈緇衣〉等篇。

二、解釋儀禮單篇大意：〈冠儀〉、〈昏儀〉、〈鄉飲酒儀〉、〈射儀〉、〈燕儀〉、〈聘儀〉、〈喪服四制〉。

三、記錄孔子言行，或孔門及時人雜事：〈孔子閑居〉、〈仲尼燕居〉、〈檀弓〉、〈曾子問〉。

四、雜記喪服喪事與考證古代制度禮節：〈王制〉、〈曲禮〉、〈玉藻〉、〈月令〉、〈明堂位〉、〈禮器〉、〈郊特牲〉、〈祭法〉、〈祭儀〉、〈祭統〉、〈深衣〉、〈大傳〉、〈喪服小記〉、〈雜記〉、〈喪大記〉、〈奔喪〉、〈問喪〉、〈服問〉、〈間傳〉、〈三年問〉、〈文王世子〉、〈內則〉。

五、記錄日常生活禮節與言行守則：〈曲禮〉、〈少儀〉、〈儒行〉、〈內則〉等。

另外有些篇章託名孔子的儒家言論，如：〈坊記〉、〈表記〉、〈緇衣〉、〈仲尼燕居〉、〈孔子閒居〉、〈哀公問〉、〈儒行〉等皆記載孔子言論；有些篇章更是結構完整的儒家論文，如〈大學〉、〈中庸〉、〈禮運〉、〈學記〉、〈祭義〉、〈經解〉等。

今傳《禮記》的本子，各篇並未依照性質類別依次編纂，因此全書顯得有點雜亂，而且各篇寫作體例的差異性也很大，所以讀者在研讀《禮記》時，更需要仔細瞭解它的內容分類才能夠掌握要領。

《禮記》的編纂，本來就是為了詮釋或補充《儀禮》而存在的，由於《儀禮》著重敘述儀節而比較少提到那些儀節代表的涵義，所以需要依靠《禮記》再加以闡發。不過特別的是，因為《儀禮》只有十七篇，其中所記載的禮儀並非古禮的全部，因此《禮記》的部份篇章正好可以補充《儀禮》的不足，像〈檀弓〉討論特殊的喪俗，〈內則〉記述日常家居生活的細節，〈月令〉反映農業國家一年作息的安排等，都是《儀禮》沒有記載的。

三、《禮記》的價值

禮儀，是每個民族思想的發源，同時也表現出一個民族的文化。

《禮記》涉及廣博，學術、治術無所不包，不僅記載生活中實際運用的枝微末節，詳述各種典禮的意義與精神，全面且深刻宣揚儒家的禮治主義，成為維護中國封建統治下的大政方針。凡是想研究中國思想與文化者都能從《禮記》中汲取，它的價值可說是遠遠超過《儀禮》、《周禮》，影響層面僅次於《論語》，而與《孟子》同樣是研究先秦儒家思想與社會狀況最寶貴的歷史資源。

《禮記》之所以如此重要，是因為它傳達出許多孔孟以下儒家思想演化的痕跡。儒家經歷戰國、秦、漢數百年的異動，歷經道、法、墨、名諸家思想的衝擊，本身會如何應對、如何調整，雖然我們大致可以從《荀子》、《孟子》中看出端倪，不過終究稍嫌不足，因此《禮記》正好補足了這個缺憾，成為研究戰國至漢初儒學的重要資料。除了上述價值之外，再加上南宋朱熹將《禮記》中的〈大學〉、〈中庸〉兩篇與《論語》、《孟子》合編為《四書》，並為之作《四書章句集注》，從元代起即成為國家考試的指定書籍，學子必讀的經典，這對於中國文化的影響可說是無與倫比。

Contents／目錄

古之為政，愛人為大

Contents／目錄

好學不倦，好禮不變

Contents／目錄

禮記

君子淡以成，小人甘以壞

100

人之學也，或失則多，或失則寡，或失則易，或失則止

名句的誕生

學者有四失，教者必知之。人之學也，或失則多[1]，或失則寡[2]，或失則易[3]，或失則止[4]。此四者，心之莫同也。知其心，然後能救其失也。教也者，長善而救其失者也。

～《禮記．學記》

完全讀懂名句

1.多：廣泛閱讀而沒有切身體會。
2.寡：鑽研某事而沒有開闊視野。
3.易：見異思遷，無法專一。
4.止：畫地自限，只知其一，不知其二。

語譯：學習的人會犯四種過失，教導的人一定要知道。人在學習時，有時會出現貪多而不求甚解的毛病，或有安於一隅而目光短淺的問題，也有見異思遷而無法專一的毛病，還有自我限制而不求進步的問題。造成這四種過失的心理狀況都不盡相同。教導者要先理解學習者的心理，然後才能補救這些缺失。教育的目的，正是要培養優點並且挽救過失的。

名句的故事

「人之學也，或失則多，或失則寡，或失則易，或失則止」是〈學記〉的名句，指出學習的人容易犯四種過失：多（貪多務得而不求甚解）、寡（所學務少而目光短淺）、易（見異思遷而無法專一）、止（畫地自限而不求進步）。由於學生的心態不同，學習上的問題也不一樣，因此要杜絕學生在學習上的過失，身

為老師應先理解學生的心態，才能針對根本進行補救。

學生的資質各不相同，沒有所謂放諸四海皆準、一體通用之法，如此看來，老師的首要工作就是要能辨識病因並對症下藥，才能真正達到「因材施教」，使學生能發揮自己的才能。比如說，貪多務得的學生要求他深入理解，目光短淺的學生要他博覽多學，態度輕率的學生要求他專注認真，自我設限的學生給予他更高的目標；甚至資質優異的學生，不應與駑鈍者一同學習，應設定不同的學習目標，讓每個學生都能肯定自己「天生我材必有用」。

透過〈學記〉，我們知道好老師不會只是一個只會照本宣科的教書匠，不僅要有教育家的精神，還必須了解學生的學習心理，才能從學生的學習情況掌握學生的心理狀態。

歷久彌新說名句

孔子被尊稱為萬世師表，與他「因材施教」的教學方法有莫大的關係，《論語．雍也》中，孔子曾稱讚顏回說：「賢哉，回也。一簞食，一瓢飲，在陋巷，人不堪其憂，回也不改其樂。賢哉回也。」可見在孔子心中，顏回是個安貧樂道的人，這樣的人，不論處於富貴或貧賤，志向都不會動搖，所以才是有德性的人。冉求對於如此高的道德要求，說自己心嚮往之，但「力不足」，孔子同樣瞭解冉求，於是孔子對冉求說：「力不足者，中道而廢，今女畫。」就是說真正力有未逮之人，是努力去做卻只能完成一半，而你不是，你是畫地自限。因此，孔子希望冉求對於自己的德性修養，要有企圖心，不要故步自封。至於子路，孔子在《論語．述而》中對他當頭棒喝，警告他性格衝動，說子路像「暴虎馮河」，死而無悔，並告誡子路應「臨事而懼，好謀而成」，臨事要懂得戒慎，能先考慮周詳再去行動，才不致於因自己的性格所害。

凡學之道，嚴師為難

名句的誕生

凡學之道，嚴師[1]為難。師嚴然後道尊，道尊然後民知敬學。是故君之所不臣於其臣者二：當其為尸[2]則弗臣也，當其為師則弗臣也。大學之禮，雖詔[3]於天子，無北面，所以尊師也。

～《禮記．學記》

完全讀懂名句

1.嚴師：尊敬老師。

2.尸：古代祭祀時，代表受祭的活人，通常由臣下或晚輩擔任。

3.詔：告，此為講授的意思。

語譯：學習時最難做到的，就是尊敬老師。老師受到尊敬，然後道理才會受到重視，道理受到重視，人民學習的態度才會嚴肅。所以君主不以對待屬下的態度來對待臣子的情況有兩種：一種就是在祭祀中，臣子擔任「尸」的時候；另一種就是身為君主的老師時。在大學裡的禮法，對天子授課時，臣下不必北面居臣位，這就是為了表示對老師的尊敬。

名句的故事

學習、教育與老師的關係極為密切，因此唐代韓愈說：「古之學者必有師。師者，所以傳道、授業、解惑也。」也因此古語才有「天、地、君、親、師」五尊的稱號。天地與中國人的宇宙觀、宗教觀有關；君親是五倫中最重要的兩項。《孟子．滕文公上》：「父子有親、君臣有義」，父子關係中的「孝」是與生俱來的，是五倫的根本，而君臣關係是孝的擴大，是「忠」。而老師竟然與天、地、君、親並列，可見古人對老師的尊敬程度。

然而，為何大家都一直強調對老師的尊敬呢？《禮記．學記》告訴我們：「師嚴然後道尊，道尊然後民知敬學。」老師受到尊敬，所傳授的道理才能受到敬重，道理受到敬重，人民學習的態度才會嚴肅；也就是說，尊敬老師的學習態度與學習成果有極大的關聯性。

《史記．田單列傳》記載，田單欲復國，希望有神來教他，便宣令城中之人要求得神人為師，有一小卒問說：「我可以做你的老師嗎？」田單便起身引領他至西位，「東向坐」。東西向是賓主位，賓客坐西向東，是尊位，並以老師之禮待他。同樣的道理，古代請老師至家中任教席，也同樣請老師住在西廂，皆是以賓客之禮款待老師，表示尊敬之意。

歷久彌新說名句

尊師重道最著名的故事算是「程門立雪」的典故了。程顥、程頤兄弟是宋代極有學問的人，進士楊時放棄了高官厚祿，為了豐富自己的學問，跑去拜程顥為師。後來程顥死後，他仍然立志求學，又跑去拜程頤為師。在《宋史．楊時傳》記載：「一日見頤，頤偶瞑坐，時與游酢侍立不去。頤既覺，則門外雪深一尺矣。」意指楊時與朋友游酢到程家拜見程頤，正好遇上程頤閉目養神之時，兩人拜師心切，因此恭恭敬敬地侍立在一旁，等了許久，程頤睡醒了才發現兩人還站著沒離開，這時，門外的雪已經積了高一尺多，而楊時和游酢並沒有因此感到不耐煩，而是誠心期待能向程頤問學。

化民成俗，其必由學

名句的誕生

發慮憲[1]，求善良，足以謏聞[2]，不足以動眾；就賢[3]體遠[4]，足以動眾，未足以化民。君子如欲化民成俗，其必由學乎！

～《禮記．學記》

完全讀懂名句

1.慮憲：慮，考慮、思考。慮憲，謀慮方法。

2.謏聞：「謏」，讀作「小」，「謏聞」意指小有名聲。

3.就賢：親自前往接近賢者。

4.體遠：體恤遠地民情的利弊。

語譯：啟發思慮，廣求賢能，只能小有聲譽，尚不足以感動群眾百姓；親自接近賢者，體恤遠處民情的利弊，雖可以感動群眾，但還不足以化育人民。執政者若想感化人民，建立善良的風俗習慣，一定要從教育著手。

名句的故事

《禮記．學記》載明中國古代的教育理念，其中名句所出的這一段是第一章，標舉「學」是化民成俗的根本方法。

本文提到三個層次：第一層次是「發慮憲，求善良」，合理思考事情，廣納賢能者，這可以讓百姓知道什麼是值得效法的，卻不能感召眾人興起效法之心。第二個層次是「就賢體遠」，親自就教於賢者，體恤偏遠地區的民情，的確可以感動人民，但還無法教化人民。如果要教化百姓，建立良好的風俗習慣，一定要從「學」，也就是教育入手。

由此可知，教育可以說是治理國家最根本的一環，在《管子．權修》有類似的一段話：「一年之計，莫如樹穀；十年之計，莫如樹木；終身之計，莫如樹人。」如果要種植稻穀，一年的時間來計畫就可以；如果是要種植樹木，則要花上十年的時間；如果是培育人才，則必須耗費終身的精力才能成功。

經過歷代變遷，改「終身」為「百年」，簡化為「十年樹木，百年樹人」，也就是說，培育人才是百年大計。

歷久彌新說名句

《淮南子．齊俗》記載一則故事：周朝得天下後，姜太公受封齊地、周公受封魯地後，兩人互相詢問打算如何治理自己的國家。

周公表示：「尊尊親親。」意思是要尊重應尊敬的人、親愛自己的親人，也就是以宗法關係、尊祖敬宗的觀念治理。太公聽了之後便認為：「如此做的話，魯國將會從此衰弱。」

周公也反問太公將如何治理齊地，太公則是回答：「舉賢而上功。」意思是提拔任用賢德者、獎賞有功勞的人。周公聽了也表示：「那麼將來齊國的後世，必定會有被篡位或殺害的君主。」

後來，齊國果然日漸強大，甚至到了齊桓公時成為中原霸主，然而只傳了二十四世，就由田氏篡了齊國，而姜姓齊國就此結束。至於魯國也的確日漸衰弱，從有名的〈曹劌論戰〉一事可以看出當時齊強而魯弱的局勢，雖然魯國國力不強，但姬姓的魯國卻傳了三十二世才亡。

姜太公選擇以「舉賢而上功」的方式治理齊國，使齊地成為廣納賢良的地方，全天下第一流的人才都來到那裡，那裡的風俗自然活潑開放，能允許不同的聲音，因此才能成為春秋時代的霸主。

周公選擇「尊尊親親」來治理教化魯國人民，魯國雖然不強大，但由於「尊尊親親」是宗法制度的根本原則，也是周禮的基本要求，因此與他國爭權奪位相比，魯國人尊敬君主，使魯國的政治反而相對穩定；甚至魯國始終不忘「法則周公」，祖述先王之訓，所以成為有名的禮儀之邦，最後由於孔子等儒者的努力，成為影響中國傳統文化最強大的力量。

安其學而親其師，樂其友而信其道

名句的誕生

故君子之於學也，藏焉、脩焉、息焉、遊焉[1]。夫然，故安其學而親其師，樂其友而信其道。是以雖離師輔[2]而不反。〈兌命〉曰：「敬孫務時敏[3]，厥脩乃來。」其此之謂乎。

～《禮記．學記》

完全讀懂名句

1. 藏焉、脩焉、息焉、遊焉：指心懷學習的志向，表現在日常生活中，或遊樂或休息時，都念念不忘。「藏」，存於內心。「脩」，現於行動。
2. 師輔：「師」，師長。「輔」，共同學習的朋友。
3. 敬孫務時敏：「敬」，敬重。「孫」，通「遜」，謙遜。「務」，努力學習。「時敏」，無時不敏，就是不停息的意思。

語譯：所以君子在學習方面，要時時藏存在心中，表現在日常活動，不論休息或遊樂時，都要念念不忘。能夠這樣，才能安於學習並且親愛師長，與同學相處融洽，並且相信所學的道理。即使離開師長與同學，也不會違背道義。《尚書．兌命》說：「恭敬謙順，努力不懈，學習修行即可成功。」就是這個意思。

名句的故事

「安其學而親其師，樂其友而信其道」是學習的成效，要如何才能達到良好的學習效果，與老師在課程上的教學方法有關。

教學的安排必須循序漸進，舉例來說，要先學會調撥琴弦，才能熟練指法；要先學會譬喻的使用，才能寫好文章；要先懂得各種禮節，才能適當行禮。

如果能夠引起學生的學習興趣，則不論休息或遊樂時，都會念念不忘學習。這樣就能達到「安其學而親其師，樂其友而信其道」的學習效果，未來進入社會，即使離開師長，也不會做出違法犯義的事。

我們一直強調的「德、智、體、群、美」五育均衡發展的觀念，不正是如此嗎？

親近良師益友，可以使我們增長品德和知識，幫助我們學習的待人處世、應對進退的禮儀、言行，我們要努力學習，這就是「安其學而親其師，樂其友而信其道」。

歷久彌新說名句

本段名句提到學習必須循序漸進，這樣的概念在《禮記．學記》又有類似的話：「良冶之子，必學為裘；良弓之子，必學為箕；始駕馬者反之，車在馬前。君子察於此三者，可以有志於學矣。」好的鐵匠教兒子，必須先教他學補綴皮衣，因為冶煉金屬使之揉合，與補合獸皮以做袍裘的道理相近，因此要先讓兒子學做袍裘。好的弓匠教兒子，必須要他先學做畚箕，因為弓和箕都是屈曲竹木製成的，先學會矯揉竹柳而製箕，才能學做弓。剛學駕車的小馬要先繫在車子後面，使牠可以天天模仿學習，直到真正駕車時才不至於驚奔。

《三字經》也提到同樣觀念：「為學者，必有初，小學終，至四書；四書熟，孝經通，如六經，始可讀。」剛開始讀書的孩子，要先從「小學」入門，如《三字經》、《弟子規》一類的書籍，然後再進入《論語》、《孟子》、《大學》、《中庸》，再讀《孝經》，最後才是「六經」，由此看來，學習的順序已經安排妥當。

《禮記．中庸》記載：「譬如行遠必自

邇，譬如登高必自卑。」做事求學都應循序漸進，登高一定先從低處開始前進，要走長遠的路，也必須先從腳下的第一步開始。正所謂「千里之行，始於足下」就是這個道理。

君子有三患：未之聞，患弗得聞也；既聞之，患弗得學也；既學之，患弗能行也

語譯：君子有三種憂慮：第一是擔心無法聽到許多未曾聽過的知識，第二是害怕只聽到而無法學到，第三是憂心學到而做不到。君子對五種情況感到羞恥：第一是身居某職卻對其職務沒有任何建言，第二是只發表意見卻無法實行，第三是實行卻沒有繼續保持，第四是管轄的範圍廣大但百姓都很貧苦，第五是人民在平均所得不高的狀況下，自己卻多得一倍的收入。

名句的誕生

君子有三患[1]：未之聞，患弗得聞也；既聞之，患弗得學也；既[2]學之，患弗能行也。君子有五恥：居其位，無其言[3]，君子恥之；有其言，無其行，君子恥之；既得之而又失之，君子恥之；地有餘而民不足，君子恥之；眾寡均而倍[4]焉，君子恥之。

～《禮記．雜記下》

完全讀懂名句

1. 患：擔憂、憂慮。
2. 既：已經。
3. 言：意見、建議。
4. 倍：多。

名句的故事

這一段提到君子的「三患」及「五恥」的情況。名句「未之聞，患弗得聞也；既聞之，患弗得學也；既學之，患弗能行也」，就是「三患」：一是「未之聞，患弗得聞也」，怕

自己沒聽過的事或知識沒機會聽到；二是「既聞之，患弗得學也」，就算聽到了，也怕自己不能學到；三是「既學之，患弗能行也」，學到了也怕自己做不到。

至於君子的「五恥」：一是「居其位，無其言」，身居某個職位卻對於職務不能發表意見，君子因此感到可恥；二是「有其言，無其行」，雖然可以發表意見，卻不能確實推行，君子同樣感到可恥；三是「既得之而又失之」，實行了自己的意見，卻不能持續保持，君子感到可恥；四是「地有餘而民不足」，表面上看起來管轄的土地廣闊，但治內的人民都很貧困，君子因此感到可恥；五是「眾寡均而倍焉」，大家所得的收入都不多，而自己卻比別人還多得一倍，君子對此也感到可恥。

簡言之，君子的「三患」及「五恥」就是要求君子長久學習、學而優則仕，強調的是人要多聞多識，學得的道德學問必須付諸實行，並且提高自身的修養功夫。因此批評尸位素餐之人，要求為政者在其位就要謀其政，並認為君子的道德實踐不能三天打漁、兩天晒網，為政者必須設法建立一個富而好禮的社會，更不可有中飽私囊的情況發生。

歷久彌新說名句

由「君子有三患：未之聞，患弗得聞也；既聞之，患弗得學也；既學之，患弗能行也」的三個層次：首先擔心沒聽到許多知識，其次是害怕無法學到，第三是憂慮學到卻做不到，還可引申出「知易行難」的道理。《書經．說命中》說：「非知之艱，行之惟艱。」孔安國〈傳〉：「言知之易，行之難。」就是這個道理。

而君子「五恥」：「居其位，無其言」、「有其言，無其行」、「既得之而又失之」、「地有餘而民不足」、「眾寡均而倍焉」，可以引申出「知行合一」的觀點。知、行是一件事，並非截為兩段的先後過程，若是知而不行，仍是未知，和未知無甚分別，因此「學而優則仕」，學得了道理，必須實際運用於治理國家、管理百姓，如果人民的生活沒有因此而獲得改善，也就等於沒有學習到。

《論語·子路》記載子貢問孔子具備什麼才可以稱之為士，孔子回答：「行己有恥。」人要有羞恥心，凡認為可恥的事就不去做。

能博喻，然後能為師

名句的誕生

君子知至學之難易[1]，而知其美惡[2]，然後能博喻[3]；能博喻，然後能為師；能為師，然後能為長；能為長，然後能為君。故師也者，所以學為君也。是故擇師不可不慎也。記曰：三王四代唯其師[4]。此之謂乎。

～《禮記．學記》

完全讀懂名句

1. 難易：謂學者入道的深淺次第。
2. 美惡：謂人的資質不同，無失者為美，有失者為惡。
3. 博喻：廣泛瞭解學生的資質而因材施教。
4. 三王四代唯其師：「三王」，指夏、商、周三代君王，加上虞舜則為「四代」。「唯其師」，謹慎選擇老師。

語譯：君子知道求學的深淺次第，以及個人的品性資質不同，然後能因材施教，廣泛加以曉喻，這樣才有資格做老師。能夠做老師，才能做官長；能做官長，才能做領袖。因此學做老師，就是學做領袖。所以選擇老師不可以不審慎。古書說：虞、夏、商、周四代，對老師的選擇都很慎重，就是這個意思。

名句的故事

孔子對學生講求學習與做事的態度，曾以「譬如為山，未成一簣，止，吾止也！譬如平地，雖覆一簣，進，吾往也」，說明功虧一簣就是學未成功，積少成多就是更進一步。至於做老師的人，也要以「博喻」的方法教導學生，對於學生的學習目標，依照學生的資質與趣，採取不同的比喻說明講解，以幫助學生更清楚瞭解，這就是「因材施教」。

懂得因材施教，才能做個好老師，同樣具有這樣能力的人，也能做個好的領導人，因為這樣的領袖可以理解下層人民的苦樂，才能進一步體恤民情，所以老師的重要由此可見。

歷久彌新說名句

《論語．先進》記載一則孔子對不同學生的品性資質有深刻理解，並能因材施教的故事。

有一天，公西華正好見到子路、冉求與孔子三人。子路問孔子說：「老師，我聽到一個很好的道理，是不是馬上就去做呢？」孔子回答他：「你家中還有父親和哥哥，做事之前要和他們商量，怎麼可以馬上就去做呢？」然而冉有問孔子同一個問題：「老師，我聽到一個很好的道理，是不是馬上就去做呢？」孔子則回答：「對，一聽到就馬上去做。」

公西華對於孔子面對相同的問題卻給予截然不同的答案感到非常困惑，於是請教孔子：「老師，冉有和子路問相同的問題，為什麼您的回答卻不一樣呢？」孔子：「因為冉有比較怯懦，所以我叫他馬上去做，鼓勵他要勇敢果斷。但子路性情魯莽，一個人能做兩個人的事，能力很強，所以我叫他凡事不必太心急，經過思考和商量之後，再去實行。」

記問之學，不足以為人師

名句的誕生

記問之學[1]，不足以為人師。必也其聽語[2]乎，力不能問，然後語之；語之而不知，雖舍之可也。

～《禮記．學記》

完全讀懂名句

1. 記問之學：只有記誦而沒有自己心得的學問。
2. 聽語：等學生提問而後加以解說。

語譯：沒有獨到見解的人，是不夠資格做別人的老師。一定要對於學生提出問題，並且加以解答；學生心裡有疑問，而沒有能力表達時，老師要加以指導與解釋；老師加以開導，但學生仍然不明白時，只有暫時放棄指導，以待將來有機會再做解釋。

名句的故事

這一段關於「教學歷程」，認為老師的才能學問應該不斷要求、精益求精，如果只是將上課的內容記誦起來，自己沒有獨到的見解、深刻的體悟，就無法成為好老師。每個學生的資質不同，遇上的問題也不同，老師應該對教學內容明白通透，並且針對不同學生的疑問來講解，幫助每個學生理解；如果只是「記問之學」的話，老師自己也只記誦課文，根本不理解學生的疑問，自然就無法適當回答學生的問題，以淺顯易懂的方法讓學生理解，如此一來，當然「不足以為人師」。

如果學生連表達問題的能力都沒有，老師也要根據學生的資質能力，設想學生的疑惑，引導學生提出問題，幫助學生解決疑難。倘若學生仍然不能理解，那麼老師就必須暫時放棄去指導，等待將來有機會再做最有效的解釋。最後一個階段非常重要，有些人見到學生始終無法明白，心中著急，要不是採取緊迫盯人的態度，讓學生視學習為畏途；就是逼迫學生生吞活剝、不求甚解，同樣讓學生對學習產生排斥。這麼一來，學生的學習可能從此中止，倒不如讓學生永保對學習的興趣，此時不能瞭解不代表永遠無法瞭解，說不定有朝一日開竅，自然明白道理。

歷久彌新說名句

愛迪生真正受學校教育的時間只有三個月，因為他非常好問「為什麼」，令學校老師非常生氣，他的母親也是老師，只好帶回家自己教。愛迪生的母親瞭解自己兒子喜愛發問、喜歡思考、喜歡實驗，這種學習方法不同於傳統的教學，因此，她除了教導愛迪生閱讀文學作品外，就讓愛迪生用自己的方法探索未知、學習知識，從此，愛迪生便在母親的幫助下，開啟發明實驗的一扇窗。

如果愛迪生沒有母親的幫忙，學校老師又無法針對他的特殊資質而因材施教，最後採取放棄的態度的話，愛迪生哪怕有再好的資質，也難以成為發明家；甚至還可能因此抹煞他對學習的熱情。天才與白癡只有一線之隔。天才由於看事情與思考的方式與一般人不同，在傳統的教育底下常被認為是有問題的人，可是真的是有問題嗎？還是教師無法適當地啟發、運用適合的方法來教學呢？為了避免將錯失天才，也為了讓有問題的孩子也有機會受教育，特別需要「因材施教」，《禮記．學記》在「記問之學，不足以為人師」一段也特別要求老師的教學水準。

教之不刑，其此之由

名句的誕生

夫然，故隱其學而疾其師[1]，苦其難而不知其益也，雖終其業，其去[2]之必速。教之不刑[3]，其此之由乎。

～《禮記．學記》

完全讀懂名句

1. 隱其學而疾其師：昧於學習，而憎恨師長。
2. 去：遺忘。
3. 刑：成功。

語譯：如此一來，使得學生昧於學習並且憎恨師長，只覺得學習很困難，而不知道學習究竟有什麼好處。雖然勉強讀完書本內容，但很快就忘得一乾二淨。教育之所以不能成功，就是這個原因。

名句的故事

這一段說明今日的教師不稱職，使得教育不成功、學生不成材的理由所在。為何說不稱職呢？老師只會照本宣科，不管學生理解與否，只講求速進速成，也不管學生的資質高低、能否吸收，揠苗助長的教法實在違背情理，也無法達到教學的目的。

更糟糕的是，若學生因此把讀書看成一件苦差事，完全不知道學習的益處何在，而逃避學習，就算勉強通過老師的考試，也很快地忘得一乾二淨，這樣能稱為成功的教育嗎？

《論語．學而》：「學而不思則罔，思而不學則殆。」徒知學習卻不會思考，就會迷惘；只會思考卻不腳踏實地學習，反而導致危險。學習及思考兩者必須並重，如果只是死讀書，不懂得靈活運用的話，即使在學習過程中勉強得到好成績，一到社會上實際運用的話，就會立刻破功，導致挫敗連連。

戰國時代的趙括，擅長談論兵法卻不知變通，代替經驗老道的廉頗將軍領導趙軍對抗秦軍，導致長平一戰大敗，最後趙軍被坑殺四十萬人，戰敗的消息傳回趙國，整個國家「子哭其父，父哭其子，兄哭其弟，弟哭其兄，祖哭其孫，妻哭其夫，沿街滿市，號痛之聲不絕」。

同樣在教育學生上，只懂得背誦的老師，由於自己只會死讀書，不懂得思考，自然教不出好學生，以至於「教之不刑」。

歷久彌新說名句

對於父母而言，審慎選擇好老師是教育孩子的第一步，對於老師的要求，《禮記・學記》有所說明：不能照本宣科，要能引導學生理解、思考、學習。

至聖先師孔子有教無類、因材施教，樹立良好的老師典範，他的徒弟三千、賢者七十二人，身通六藝者眾，孔子非常重視學生的個別差異，因此依據學生的不同性格及才能，分為「德行」、「政事」、「言語」、「文學」四科，培養出顏淵、子路、子貢、子夏、子游、子張、曾參等各方面皆才華出眾的弟子。

學然後知不足，教然後知困。知不足，然後能自反也；知困，然後能自強也

名句的誕生

雖有嘉肴[1]，弗食，不知其旨也；雖有至道，弗學，不知其善也。是故學然後知不足，教然後知困。知不足，然後能自反也；知困，然後能自強也。故曰：教學相長也。〈兌命〉曰：「學[2]學半。」其此之謂乎。

～《禮記．學記》

完全讀懂名句

1. 嘉肴：「肴」，即「餚」，菜餚。嘉肴，美味的菜餚。
2. 學：教的意思。「學學半」意指因教導而更深入專研學問，相當於一半的學習功效。

語譯：雖有美味的菜餚在前，要是不去嘗試，就不知道它的滋味；雖有至善的道理，若是沒有學習，不能知道它的優點。所以學習過後才知道自己知識、品德的不足，教人之後才知道自己的才學不通透。知道不足，然後能自我反省；知道不通透，然後可以自我勉勵繼續專研學問。所以說，教與學是互相增長的。《尚書．兌命》說：「教別人，能收到學習的一半效果。」就是這個意思。

名句的故事

如果名句「學然後知不足，教然後知困。知不足，然後能自反也；知困，然後能自強也」讓人感到陌生的話，那麼「教學相長」應當耳熟能詳吧！名句其實可以分為兩個部分：一是學的部分，二是教的部分。學是針對學生

來說，一定要經過學習，否則再好的道理都無法確切明白其優點何在；教是針對老師來說，透過教學才會發現自己從未發掘的困惑與盲點。學生經過學習才能發現自己的不足，老師透過教學也才會明白自己的不足，兩者皆要自我反省勉勵，充實自己。這就是「教學相長」的道理，教與學是互相增長的，因此《尚書．兌命》篇也說「學學半」——教別人，能收到學習的一半效果。

就今日而言，每天的訊息量龐大到來不及接收的地步，如果停止學習，便是自絕進步之路；甚至也不只是學生要學、老師要學，各行各業的人都需要精益求精，「學無止境」這句話在現代社會得到了充分的印證，「學然後知不足，教然後知困。知不足，然後能自反也；知困，然後能自強也」更顯得一針見血。

歷久彌新說名句

「學然後知不足」說明了「學海無涯」的道理，因此《禮記．學記》要人不斷學習，甚至學有所成，仍要設法發現自己的不足，持續學習；唐代文學家韓愈說：「青雲有路志為梯，學海無涯勤是岸。」也是這個道理。

不過這是儒家勉人求知向上所講的道理，道家的莊子同樣也感受到「吾生也有涯，而知也無涯」，但他不是勸人不斷追求知識，反而說：「以有涯隨無涯，殆已；已而為知者，殆而已矣！」用有限的生命去追逐無窮的知識，是很危險的事；明明知道這麼做很危險卻還執意追求知識，那就更加危險了。

〈養生主〉談的是莊子對於存養生命的看法，認為既然知識是無窮的，那麼能學以致用就好，千萬不要去追求沒有邊際的知識，這樣只會徒然耗費整個生命。因此對於莊子而言，儒家的仁義至道、禮樂制度都不是應當無止盡追求的目標，必須順從生命的自然行事，不陷入無窮追逐之中。儒道兩家對知識的解讀不同，一個入世，一個出世，故有此不同的看法，但兩家都不排斥一個有上進心的人，否則莊子也不會有「知也無涯」之慨了。

獨學而無友，則孤陋而寡聞

名句的誕生

發然後禁，則扞格[1]而不勝；時過然後學，則勤苦而難成；雜施而不孫，則壞亂而不脩[2]；獨學而無友，則孤陋而寡聞；燕朋[3]逆其師；燕辟[4]廢其學。此六者，教之所由廢也。

～《禮記．學記》

完全讀懂名句

1.扞格：扞，音ㄏㄢˋ，堅不可入之貌。
2.脩：統理。
3.燕朋：損友。
4.燕辟：不良習慣。

語譯：邪惡的念頭已經出現了，才加以禁止，這時連教育也發揮不了作用；過了適當的學習時期才開始求學，就算再努力也難有成就；胡亂學習而沒有按照進度學習，只會使思緒混亂而難以統理；沒有同學一起研究學問，將會落得孤單淺陋而所見不廣；結交損友，會違背師長的教誨；不良的習慣，則會耽誤自己的學業。這六項，是導致教育失敗的原因。

名句的故事

這一段是探討為何教育會失敗。《禮記．學記》提出六個理由：其一，「發然後禁，則扞格而不勝」已經有不好的念頭後才加以禁止，這時好的觀念已經難被接受了，教育不容易發生作用；其二，「時過然後學，則勤苦而難成」過了原本應當學習的時間才開始求學，雖然加倍努力學習，也難有好的成果，教育不容易有所成效；其三，「雜施而不孫，則壞亂而不脩」沒有按步就班學習，東學一點、西學一點，使思緒紊亂、難以統理，教育也難見成果；其四，「獨學而無友，則孤陋而寡聞」獨自學習，沒有朋友可以相互切磋，容易學識淺薄、見聞不廣；其五為「燕朋逆其師」，交了壞朋友，因而不聽從師長的教導，教育當然不能發揮作用；最後，「燕辟廢其學」不良的行為會使自己的學習中斷，教育自然失敗。

這六個理由中，「獨學而無友，則孤陋而寡聞」和《論語》的「三人行，必有我師焉」概念相通。自己學習的過程中要懂得觀察別人的學習成果和進度，有優點則可以效法，缺點則要盡快改進，如此才能事半功倍，否則閉門造車，教育的效果亦是徒勞無功。

歷久彌新說名句

劉義慶的《世說新語》中有一則「管寧割席分坐」的故事。

管寧與華歆一同在菜園裡鋤菜，見地有片金，管寧見到金塊當作沒看見，將它視為一般瓦石，但是華歆卻把它撿起來再丟掉，可見華歆有所貪念。又一回，兩人同席讀書，有政府官員的轎子經過門前，管寧視而不見，而華歆卻跑出去觀看，證明華歆有當官求貴的欲望。因此，管寧覺得華歆與自己「道不同，不相為謀」，故與之割席分坐。

後來，華歆在東漢恒帝時累官尚書令，後依歸曹操，官至太尉，歷仕曹操、曹丕、曹叡三代。至於管寧，也確實對於當官絲毫不動心，東漢末年天下大亂，管寧不仕，避居遼東，過著布衣耕讀的生活，魏文帝曹丕、明帝曹叡皆想徵召他為官，但管寧都推辭，終身不仕。因此宋代文天祥〈正氣歌〉中列舉十二位歷史典範人物，認為這十二位歷史人物正是天地正氣的代表，其中「或為遼東帽，清操厲冰雪」，講的就是管寧。

玉不琢，不成器；人不學，不知道

名句的誕生

玉不琢，不成器；人不學，不知道。是故古之王者建國君民[1]，教學為先。〈兌命〉[2]曰：「念終始典[3]于學。」其此之謂乎！

～《禮記．學記》

完全讀懂名句

1. 建國君民：建立國家，統理萬民。
2. 兌命：為《尚書》篇名，兌，音ㄩㄝˋ。
3. 典：經常。

語譯：玉石的質地雖然美好，若不加以琢磨，就不能成為器皿；人雖貴為萬物之靈，若是沒有學習，也不會明白做人的道理。因此古代王者建設國家，治理人民，以教育為首要的項目。《尚書．兌命》說：「自始至終，都要經常想著學習。」就是這個道理。

名句的故事

《禮記．學記》的名句「玉不琢，不成器；人不學，不知道」，人人耳熟能詳，這與《三字經》中「子不學，非所宜。幼不學，老何為。玉不琢，不成器。人不學，不知義」類似。雖然「不知道」與「不知義」有一字之差，但意義相同。美玉藏在礦石之中，必須經過切割才能看見；就算見到玉石，不經琢磨還是無法成為精美的玉器或玉飾。以此為喻，人也是一樣的，人不經過學習，就不會明白做人處事的正道，不能分辨事情的義理；學習當然要趁早，孩童時代不學，年紀大了便難以有所作為，因為人必須接受學習與考驗，方能成材。

《論語．學而》篇記載了一則以琢磨玉石為喻的故事。子貢問孔子說：「貧窮時不諂媚，富有時也不驕縱，這種表現如何？」孔子說：「可以，可是不如處於貧窮而仍能長保其樂，富有而能崇尚禮儀的人。」經過這一番問答，子貢想起《詩經．淇奧》所說的「如切如磋，如琢如磨」，於是問孔子：「老師您的意思是要『好還要更好』、『精益求精』的意思吧！」孔子聽了非常高興地說：「現在已經可以和你一起討論《詩經》了，因為告訴你一件事，你就可以推悟出另一件相關的事。」可見，以琢磨玉石作為人學習修養的比喻，其來有自。

歷久彌新說名句

《韓非子．和氏》敘述一則「和氏璧」的故事。楚國人卞和在楚山中發現一塊未經琢磨的璞玉，他將玉石奉獻給厲王，厲王派遣玉匠觀察，玉匠認為不過是一塊普通的石頭，厲王怒而以卞和欺君，故砍掉他的左腳。厲王死後，武王即位，卞和又將同樣這塊璞玉獻給武王，武王也派玉匠去看，玉匠仍認為那是普通的石頭，卞和因此又失去了他的右腳。武王死後，文王即位，失去雙腳的卞和只能抱著璞玉在楚山腳下哭泣，哭了三天三夜，悲淒泣血。文王聽聞此事，便派人問他為何哭得那麼慘？卞和表示自己發現一塊美玉卻一再被人說是普通石頭，因此深感悲泣，文王於是再派其他玉匠詳細檢視璞玉，才發現這真是一塊珍貴美玉，便將美玉命名為「和氏之璧」。

雖然此則故事要說明的是人才難得，但懂得辨識千里馬的伯樂更加難得，往往不是沒有人才，而是沒有伯樂以致於人才被埋沒。然而，我們同樣可以看出，玉石未經琢磨就連經驗老道的玉匠都未必能看出它的美好價值，人也一樣，不經過學習的過程，哪怕天賦再高、資質再好，也無法適當展現自己的才能；與其感嘆世上沒有伯樂、沒有知音，還不如先加強自己的實力，使自己成為光彩照人的美玉。

善學者，師逸而功倍

名句的誕生

善學者，師逸[1]而功倍，又從而庸[2]之；不善學者，師勤而功半，又從而怨之。

～《禮記．學記》

完全讀懂名句

1. 逸：安逸、輕鬆。
2. 庸：歸功。

語譯：善於學習的人，老師很悠閒，而教育的成果反而加倍，而且學生也會將成果歸功於老師的教導有方；不善於學習的人，即使老師嚴格督促，卻只有一半的成效，學生還會埋怨老師太過嚴厲。

名句的故事

這一段將學生的資質分成兩個層次：善學、不善學；善發問、不善發問。

資質好的學生善學，老師悠閒教學而且事半功倍；不善學的學生則反之。善於發問的學生抓到問題的核心，就像砍樹能先找到質地較軟的地方下手，然後循序漸進，學習自然事半功倍；不善於發問的學生不懂方法，反而事倍功半。

至於老師面對學生的發問，如同撞鐘，敲鐘者應瞭解鐘的質地及特點，選擇適當的方法敲擊——不需要用力敲、反覆敲，這樣反而會使鐘聲混亂渾濁；如果從容敲鐘，鐘聲反而悠揚。因此，以敲鐘比喻學生發問、老師答問。

學生用好的方法來發問，老師可以根據學生的問題判斷學生的程度，並予以適當的回答。故此名句在於鼓勵學生能問、好問，才能有所得。

歷久彌新說名句

「善學者，師逸而功倍」說的是善於學習的人的學習狀況及成效，同樣針對「善學者」，歷來有不同的說法，如《呂氏春秋》：「故善學者，假人之長以補其短。」善於學習者，懂得學習別人的長處來彌補自己短處。

又如清代袁枚在《隨園詩話》中亦提出：「後之人未有不學古人而能為詩者也。然而善學者，得魚忘筌；不善學者，刻舟求劍。」這是針對作詩而發的感想，袁枚認為後代作詩之人沒有不透過學習古人作詩而會作詩，然而有人詩好、有人詩不好，差別在於善於學習與否：善於學習的人，掌握古人作詩的方法後就忘掉古人的詩，作詩時講究獨出機杼；不善於學習的人，完全無法掌握古人作詩的方法，只能背誦古人的詩句。

《論語．述而》中，孔子也說：「三人行，必有我師焉。擇其善者而從之，其不善者而改之。」同樣說的是善於學習的人沒有一定的老師，看到別人的優點，要能虛心向別人學習；看到別人不好的地方，也要內省自己是否也犯了同樣的問題，若有就立刻改過來。

由此而論，唐代韓愈〈師說〉：「聖人無常師」賢能的人沒有固定的老師，也就是見賢思齊，同樣說的是善於學習的人。

十九世紀美國重要的哲學家愛默生說過類似的話：「我遇見的每一個人，或多或少都是我的老師，因為我從他們身上學到東西。」

人而無恒，不可以為卜筮

名句的誕生

子曰：「南人有言曰：『人而無恒，不可以為卜筮。』古之遺言與？龜筮猶不能知也，而況於人乎？」

～《禮記．緇衣》

完全讀懂名句

語譯：孔子說：「南方人有一句話這麼說：『人若是三心二意，便不可替他卜卦。』這大概是古人遺下的諺語吧？那種人的前程吉凶，連龜筮都無法知道，更何況是凡人！」

名句的故事

春秋時代，孔子在整理古代文獻時對《易》產生濃厚的興趣。《周易》本來是一部占卜的書，其作用是預測吉凶，而此時孔子對《周易》有了新的認識，認為《周易》具有對人生指導的作用，是一部人生教科書。本章就是孔子學《易》之後，提出對占卜巫筮的看法。

除了本則名句之外，《論語》中也有類似的記載。子曰：「南人有言曰：『人而無恒，不可以作巫醫。』」這句話的結構與意義，幾乎與本句相同，孔子想表達的就是：人如果沒有堅定的心智，那麼神仙占卜也是無法預測他的前程吉凶的。由此可知，孔子晚年學《易》之後並不避諱談論巫醫卜筮，也不認為這是一種迷信行為，但是他仍然強調決定一切事物的根本，在於每個人的初心；如果這個人始終心意不定，不能堅定行走在人生正道，那麼就算是巫醫、卜筮也救不了。

歷久彌新說名句

宋朝時，賓州發生了地方叛亂。大將狄青奉皇帝之命，率師南下平亂。可是，人們對於此次出師是否能取勝實在沒有把握，因此軍心混亂。當大軍行至桂林南端時，道路旁有一大廟，人們都說這大廟的神祇十分靈驗。狄青駐節入廟，向神禱告，手持百錢向神明祈求：「如果出師可獲大捷，這百錢擲出字面就都向上。」左右侍衛急忙勸阻說：「倘若百錢中有一錢不是字面朝上，豈不是會影響士氣？」狄青執意不聽，遂將百錢撒向空中，落下時，竟然所有錢幣都是字面朝上。將士歡呼之聲震遍林野，士氣大振。狄青的軍隊果然一戰功成，捷告朝廷。狄青回師的路上，又經過先前的大廟，依約謝神取錢。當他把百錢取出，左右幕僚才發現原來那百錢兩面皆鑄字。原來，狄青是巧用占卜，以釋眾疑，提高士氣。

由此可見，古人對占卜並不是一味的迷信，有時也會利用心理學的方法達成目的。就像孔子早就發現，占卜結果並不是影響一個人最重要的因素，而是一個人的內心，而狄青就是發現這一點，才能巧用占卜的結果，提高士氣，並且一舉獲得勝利。

上不可以褻刑而輕爵

名句的誕生

政之不行也，教之不成也，爵祿不足勸也，刑罰不足恥也。故上不可以褻[1]刑而輕爵。

~《禮記．緇衣》

完全讀懂名句

1.褻：輕慢。

語譯：政令之所以無法推行，教化之所以無法成功，是因為爵祿的頒贈不足以使人向善；刑罰的施行不足以使人感到羞恥。所以執政的人，不可以濫用刑罰或將爵祿隨便施於人民。

名句的故事

《禮記．緇衣》以說明君臣之道為主，本名句正是其中之一，其主旨是討論孔子對於刑罰與爵祿的看法，然而除了這段佳句之外，其實很少看到孔子正面提及兩者。在《論語》中，孔子幾乎不願談到刑賞的問題，唯一稍微碰觸的是「道之以政，齊之以刑，民免於無恥；道之以德，齊之以禮，有恥且格」。這是說若是以政治領導人民，用刑罰整頓人民，那麼人民只是礙於刑罰而服從政令，並不以此為羞恥。用道德教化人民，用禮儀制度整頓人民，那麼人民就會以犯罪為恥而誠心擁護政府。從這裡看來，孔子似乎是反對使用刑罰對待人民的。

孔子本身其實很重視賞罰。齊景公問孔子：「秦國為何能稱霸？」孔子回答說：「秦國雖小，但施政得當，親自舉拔用五張黑羊皮贖來的賢士百里奚，封他大夫官爵，晤談三天之後就把掌政大權交給他。從這些事實看來，秦國早就足以統一天下了，稱霸的成就還算小呢！」後來，齊國和魯國會盟的時候，齊國的樂舞表演不合乎會盟禮數，派了一群戲子侏儒前來戲耍，孔子得知後連忙跑來阻止，說道：「一個普通人居然敢來胡鬧，迷亂諸侯，論罪應該正法，請下令執行吧！」於是管事者依法實行。由此看來，孔子並不是反對刑賞，反而是賞罰制度的維護者。本則名句所說的正是孔子這個理念，刑賞是有必要存在的，只要在合理適當的範圍下使用，那麼刑罰或爵祿都可以讓國家朝更好的方向發展。

歷久彌新說名句

春秋時代，韓昭侯一日醉寢，半夜天涼，負責整理帽冠的侍者看到主上冷得發抖，於是默默替主上加了件衣服。韓昭侯第二天醒來，便詢問身旁的左右侍者說：「是誰替我加上衣服的？」左右侍者回答：「是負責整理帽冠的侍者。」韓昭侯知道後，卻處罰負責整理衣物和負責整理帽冠的侍者。

韓昭侯之所以處罰負責衣物的侍者，是因為他怠忽職守；之所以處罰負責帽冠的侍者是因為他僭越職權。其實韓昭侯並非不害怕寒冷，但是認為這種職責分不清楚的壞處比起寒冷更加嚴重。所以明君對待臣子，不會因為他越權立功就有功勞，也不能不遵守身分而隨意發言，僭越職權的官員應當處以死罪，不當發言也應該依法處理。

孔子的學說歷經荀子，儒家轉而強調教化的功能，到了戰國時法家興盛，對於社會制度的維持也從教化轉變為法律，因此以韓非為代表的法家，大談刑賞的重要，並且以具體的實例說明君子應該如何適當施用刑罰，才能使政府政令更順利運作，法家將儒家的刑罰觀加以擴大，其實非儒家的本意。

口惠而實不至，怨菑及其身

名句的誕生

口惠而實不至，怨菑[1]及其身。是故君子與其諾[2]責也，寧有已[3]怨。

～《禮記．表記》

完全讀懂名句

1. 菑：音ㄗㄞ，災禍。
2. 諾：承諾。
3. 已：拒絕。

語譯：答應人家好處，卻沒有兌現，一定會引起人家怨恨，乃至於惹禍上身，所以君子不會輕易允諾別人的要求，寧願受人埋怨。

名句的故事

這句話是說明為人應當有「誠信」，誠信的基本表現就是言行一致，尤其是君子，做不到的事情不應輕易允諾別人。

孔子在《論語》中經常談到言行一致的重要，他認為古人不輕易發言，是害怕言行無法一致。連古人都為了要做到言行一致而小心翼翼，君子更應該維持誠信，才能得到人民愛戴。君子恥於自己發言超過行動，可見言行一致，是孔子對君子的基本要求。所謂「口惠而實不至」正是君子要避免發生的行為，倘若發言與行動不能一致，自然會失去誠信，一旦沒有誠信，災禍就會隨之降臨。

歷久彌新說名句

攸關人類未來生存的「聯合國氣候變遷會議」於二〇一〇年的丹麥首都哥本哈根舉行，會議主旨在於針對各國的減碳計畫、環保政策進行協商，希望經過討論獲得共識，以具體政策達到保護地球生態、減緩氣候變遷惡化以及延長人類生存環境的目的。

本次會議參與的國家有美國、中國等，然而這些國家的領導人都想藉由冠冕堂皇的提議，巧妙避開減碳責任，都堅持維持自己國家發展的利益，這個以「搶救地球」為口號的氣候高峰會議，最終竟然沒有得到任何具體有效的成果。

氣候變遷的確是當今人類急需解決的問題，倘若沒有具體的環保政策以及環境公約，地球生態會急速趨向惡化，導致引發不可想像的人類浩劫。

「聯合國氣候變遷會議」以「拯救生態環境」的漂亮口號，想引發世人矚目，然而這個看似全人類團結合作的高峰會議，卻因各國自私的心態，不願犧牲自己利益以成就地球生存，最終宣告破局，不僅未達成預期目標，更因為耗費龐大成本，反而招來世人與環保團體的謾罵，正如孔子所言「口惠而實不至，怨菑及其身」。

小人溺於水，君子溺於口

名句的誕生

小人溺於水，君子溺於口，大人溺於民，皆在其所褻1也。

～《禮記．緇衣》

完全讀懂名句

1.褻：親近。

語譯：小人喜歡水卻容易溺水，君子喜歡議論則容易陷溺於口才，執政的人則常為人民所陷溺，一切都是因為太親近而失去戒心。

名句的故事

本名言的主旨是以小人與水、君子與口來比喻統治者與人民之間的關係。

《論語》中的孔子雖然沒有正面提及小人與水的關係，不過對於君子發言卻有不少看法，孔子認為侍奉上位者有三種過失需要注意，不該說而說叫作躁，該說而不說叫作隱，沒有察言觀色就說叫作瞽。

可見孔子非常重視發表議論的時機，這也正是提醒君子不要一味沉溺於發言，而是應當在適當時機發表適合的言論，否則就會像水對待人們一樣，議論會讓君子得到賞識，也會使君子失去人心。

歷久彌新說名句

俗話說：「水能載舟，亦能覆舟。」就是說明「水」給予人們的利與弊，後來把水與人的關係，引申為領導者與人民之間的關係。水之於人，猶如口之於君子，君子可以藉由議論發表抱負與理想，但也有可能因為議論而招致禍患。

北宋時期，政治積弊嚴重，官僚腐敗，當時的常州太守王安石向宋仁宗上萬言書，針砭時弊，要求改革。王安石的萬言書得到朝廷認可，宋神宗便任命王安石為宰相，主持改革運動，這便是歷史上有名的熙寧變法。王安石變法的內容包含農田水利、青苗法和募役法，可說是全面革新。

然而王安石一意孤行的個性，使得變法遭遇莫大困難。由於變法太過激烈，人民尚未享受到好處，反而因此出現許多生活上的不便，這些現象使得反對變法的知識分子更加敵視王安石。

反對黨首領司馬光曾經去信勸告王安石停止變法，然而王安石卻說：「人們習慣苟且不是一天兩天的事情了，士大夫又多半不能體諒國事，自以為跟隨大眾潮流的腳步就是對的。」這番話得罪朝野所有人，使得朝廷上下都無法體諒王安石，連太后也向皇帝哭訴說：「王安石亂天下。」導致王安石的民間形象更加惡劣，最後兩次被罷免職務。

宋神宗死後，反對改革的領袖司馬光接任宰相，便將王安石所有的新法全數廢除。

王安石雖然以針砭時政獲得朝廷的重視，甚至以知識分子之姿進入權力中心實踐自己的政治理想，然而因為個性孤傲，無法與反對者進行良好的溝通，最終得罪所有人而狼狽下台。

就如孔子所說，君子容易陷溺於自己的口才，就好比小人容易陷溺於水中，而王安石的故事，正是君子成於口而敗於口的最好例證。

心莊則體舒，心肅則容敬

名句的誕生

民以君為心，君以民為體；心莊[1]則體舒，心肅則容敬。心好[2]之，身必安之；君好之，民必欲之。心以體全，亦以體傷；君以民存，亦以民亡。

～《禮記．緇衣》

完全讀懂名句

1.莊：音ㄓㄨㄤ，同壯，大的意思。

2.好：音ㄏㄠˋ，喜歡。

語譯：人民把君王當作一個人的心，君王把人民看作一個人的身體。心胸寬廣則身體就會舒暢，內心嚴肅則容貌舉止就會恭敬。內心喜歡的，身體必然感到安適；因此君王喜歡的，人民必然也有所期待。心因為有身體保護而不受損傷，也會因為身體不健康而受傷；君王因為有人民而存在，也會因為人民的不滿而滅亡。

名句的故事

傳統儒學向來有以「身體」比喻為政治的習慣，本句佳言就是把領導者比喻為心臟，人民比喻為身體的最佳例證。

把君王比喻為心的用法，常見於各種經典，較著名的有《管子．心術》說：「心之在體，君之位也，九竅之有職官之分。」意思就是說心在身體的地位，就像國君之於國家的位置，而身體的九竅也像職官般各司其職。由此可見，將國君比喻為心是戰國時期儒者一種普遍的習慣，正是利用這種觀念來提醒國君應該體認自己的角色，更應該時時作為人民的榜樣。

國君既然是心，那麼臣子和人民就是身體，身體的活動是由心來帶領，因此心如果莊重，身體就會舒坦；心如果肅靜，那麼容貌就會恭敬。同樣的道理，君主倘若平日行事穩重，那麼國家就會運作順利；君主平時肅靜，那麼人民也會恭敬以對。孔子利用「身體」這個比喻，讓讀者可以更清楚瞭解其所要傳達的君臣之道，真可謂用心良苦呀！

歷久彌新說名句

春秋時代，齊桓公喜好穿著紫色的衣服，於是舉國人民都穿紫色衣服。

在流行風潮下，五匹白布也換不到一匹紫布，齊桓公因此感到相當煩惱，向管仲說：「寡人喜歡穿著紫衣，因此紫布變得相當昂貴，全國百姓也跟著喜好穿著紫色，寡人如何是好？」管仲說：「如果君王想要改變，何不告訴左右近侍說：『我非常討厭紫色的臭味。』若有臣子身著紫衣前來晉見，主公一定要說：『稍微退後，我討厭紫色的臭味。』」桓公允諾配合，於是自此開始後，第二天官員就沒有人身穿紫衣；再過一天，城中就沒有人穿紫衣；三日，國境裡已經沒人再穿紫衣了。

從齊桓公的例子，可以知道君王對人民會產生重大影響，無論是君王的喜好或作為，都會成為人民模仿的榜樣。

君王就好像人的心一樣，帶領著整個身體活動，內心喜歡什麼，身體就會跟著執行，因此齊桓公喜歡紫色，全國人民也流行穿著紫色。同理可知，當君王平時謹慎肅穆，那麼人民也會表現恭敬莊重的態度，這就是所謂的「心莊則體舒，心肅則容敬」。

生則不可奪志，死則不可奪名

名句的誕生

言有物而行有格[1]也，是以生則不可奪志，死則不可奪名。故君子多聞，質[2]而守之；多志，質而親之；精知，略[3]而行之。

～《禮記．緇衣》

完全讀懂名句

1. 格：正當、規矩。
2. 質：少也。
3. 略：簡約。

語譯：說話有內容而行為舉止有準則，這樣人活著的時候，不可以奪去他的志向，死的時候不可以奪去他的美名。所以君子雖然多有聞見，但能夠選擇少數樸質的遵守；雖然多有志向，但選擇少數樸質的親近；又能精細思考，並且選擇簡約的來執行。

名句的故事

本句的主題是談論君子的言行。孔子在《論語》常提到這方面的看法，他說：「志於道，據於德，依於仁，遊於藝。」所以人的志向就是在於行正道，而且這個行正道的志向非常重要，所以孔子又說：「三軍可奪帥也，匹夫不可奪志也。」把軍隊的將帥來比擬人的志向，說明志向對於一個人處事的重要性大過於一個軍隊的領導者，可見在孔子眼裡，志向的意義大概就是我們在人生道路上領航的明燈。

然而君子志於道的具體內容又是什麼？孔子在此說明說話有內容而行為舉止按照規矩就

是君子的志，再具體而言，就是說君子雖然多有聞見，但能夠選擇少數樸質的遵守；雖然多有志向，但選擇少數樸質的親近；又能細心思考，並且選擇簡約來執行。

這些就是君子志向的內涵，當一個人選擇這樣的正道作為人生的價值基準時，那麼當他活著的時候，別人無法奪走其志向；當他過世時，世人也無法奪走其美名。

歷久彌新說名句

司馬遷，字子長，西漢夏陽人。他生於史官世家，祖先自周代起就擔任王室的太史，專門掌管文史星卜等事。父親司馬談在漢武帝即位後，擔任太史令長達三十年之久。

司馬談博學多聞，精通天文、《易經》和黃老之學。所以司馬遷十歲起誦讀「古文」（先秦文章），並接受父親的啟蒙教育。這種淵源久長的家學，對司馬遷後來治學之路有深刻影響。

元封元年，司馬談以職任太史公而不能跟隨漢武帝前往泰山封禪，因此憤悶而死。臨終前，他難過地對司馬遷說：「我死以後，你必然繼承太史之位。做了太史之後，要將大漢的興盛記錄下來，你一定要完成我未竟之業！」

司馬談死後，司馬遷繼任父職為太史令，並且利用皇家藏書處石室金櫃收藏的文史經籍、諸子百家及各種檔案史料，繼續進行撰寫《史記》的工作。

天漢二年，他的同僚李陵出征匈奴被圍，在絕糧的情況下投降匈奴。消息傳到長安，武帝大怒。

朝廷的文武百官都大罵李陵可恥，只有司馬遷不作聲。武帝問他有什麼意見，他便直言不諱地說：「李陵轉戰千里，矢盡道窮，古代名將也不過如此。他雖投降，尚屬情有可原。臣以為只要他不死，他還是會效忠漢朝的。」盛怒中的漢武帝聽了司馬遷這番話，認為他是為李陵辯解，於是下令將司馬遷判死罪（或以腐刑代替）。

漢武帝時代，判了死罪可以出錢五十萬減

死一等。但司馬遷拿不出這一筆錢，只能受「腐刑」（宮刑）苟且偷生。不幸的遭遇，使司馬遷精神上受到極大刺激，曾一度想自殺，但他想起了父親的遺願，終以驚人的意志活了下來。

身心備受摧殘的司馬遷決心以殘燭之年，完成父親遺志。經過六年的囚禁生活後出獄。而武帝對司馬遷的才能仍是愛惜，於是任命他為中書令。從此他埋首奮發著述，終於完成了「究天人之際，通古今之變，成一家之言」的巨著《史記》。

《史記》不僅是中國第一部史書，也承載了司馬遷的學術思想，在中國思想文化史上占有重要的地位，更被譽為「史家之絕唱，無韻之離騷」。

司馬遷雖然有悲慘的境遇，不過仍然堅持完成自己的志向，並且得到後世的讚美，正是「生則不可奪志，死則不可奪名」的最佳寫照。

君子不以色親人

名句的誕生

君子不以色親人；情疏而貌親，在小人則穿窬1之盜也與？

～《禮記．表記》

完全讀懂名句

1.窬：音ㄩˊ，鑽牆洞。

語譯：君子不會裝模作樣來討人歡喜，如果心裡不喜歡而裝作親密的樣子，這在小人之間，不就是鑽牆洞的小偷嗎？

名句的故事

在孔子心目中，君子是品行高尚、不同流合汙的，孔子曾說過：「君子與人和善相處，卻不比附他人；小人比附他人而無法和善相處。」由於君子不輕易比附他人，自然也不會裝模作樣，刻意討人歡心，他所追求的處事態度，乃是以仁義作為本質，按照禮儀行事，出外必以謙遜的態度面對他人，將誠實視為成功的方法。

因此「君子不以色親人」這句話，說明了君子高風亮節、堅持追求大道的處事形象，同時也是孔子最欣賞的為人態度。

歷久彌新說名句

石介，字守道，宋朝人，學者稱徂（音ㄘㄨˊ）徠先生。他年少中舉，為人好學而有大志，遇事奮然敢為，曾因談論政事與朝臣不合而被罷職。

石介所處的宋初社會，是一個喜好佛老以及浮華文章的時代，但是他十分厭惡當世流行的事物，曾作了「怪說」三篇來抨擊，認為必須消滅這「三種東西，天下才有可為」。

其後石介又寫了《唐鑑》，借唐代的史實來警惕當代，由於言語毫無顧忌，因此為當時的權臣所忌，引起了朝廷的大風波，最後石介只好自請外任地方官，不久後便逝世。

石介是宋初最有勇者風範的儒者，他在朝中激烈的批評時政，雖然為強權所忌，但從不退縮。學術方面，由於他對佛老與浮文的攻擊，讓當時逐漸被人忽略的儒家學說，重新獲得世人矚目，正好替後來的宋明理學作了開路先鋒。

古語有言：「大樓將倒塌，並不是一根木柱所能支撐的。」許多人便以時勢衰微，不是一人的力量所能挽救為理由，坐視國家危亡而不救，石介便是最反對這種說法的人。他說：「道雖大壞，一個人就可以把道保住；天下國家大亂，一個人就可以匡復過來。眼見大樓將傾，而不加援手，任由它倒下去，實在太不智了。那些說要量力而為，等到形勢許可才肯做的人，實在是苟且偷生之輩。」由此可見石介任道之勇，志氣之高。

石介雖然處在佛老盛行、虛華成風的宋初社會，但從不裝模作樣的逢迎世人，反倒是疾言厲色地抨擊當時的歪風，即使受到阻撓也從不退縮，他的堅持不僅使宋代重振儒風，也因此得到了君子的美名。

君子淡以成，小人甘以壞

名句的誕生

君子不以辭盡人，故天下有道，則行有枝葉；天下無道，則辭有枝葉。是故君子於有喪者之側，不能賻[1]焉，則不問其所費；於有病之側，不能饋焉，則不問其所欲；有客不能館，則不問其所舍。故君子之接如水，小人之接如醴[2]。君子淡以成，小人甘以壞。

～《禮記．表記》

完全讀懂名句

1. 賻：音ㄈㄨˋ，饋贈布帛助喪。
2. 醴：甜酒。

語譯：君子不因一個人說話動聽與否而斷定他的好壞。所以當社會有道德時，人們所做的事往往比他所講的多；當社會道德低落時，人們所講的事就比做的事來得多。所以君子與有喪事的人在一起時，如果不能資助他，就不會問他要用多少喪葬費；與病人在一起，如果無力饋贈他，就不會問他想要什麼東西；有客來訪卻沒有地方讓他住，就不要問他住什麼旅館。所以君子之間的交情像水一樣淡薄；小人之間的交情像甜酒那樣濃厚。君子的交情雖然淡薄；卻能相輔相成；小人的交情雖濃厚，但是日子久了卻會毀壞。

名句的故事

這是孔子談論君子交遊的一句話，原句出於《莊子．山木》。孔子請教子桑雽說：「我兩次被魯國驅逐出境，在宋國樹下講學，連樹都被砍掉，在衛國的行跡被人消除，在商、周之地都沒有出路，在陳國與蔡國之間又受到圍困。我遭遇這麼多災難，親戚故舊日漸疏遠，弟子朋友日漸離散，為什麼會這樣呢？」

子桑雩說：「你難道沒有聽過假國人逃亡的故事嗎？林回捨棄價值千金的璧玉，背著嬰兒逃走。有人問他：『你是考慮價值嗎？嬰兒的價值很少；你是考慮拖累嗎？嬰兒的拖累很沉重的。捨棄千金璧玉，背著嬰兒逃離，究竟是為什麼呢？』林回說：『那是以利益相合，這是以天性相連。』以利益結合的事物，遇到窮困患難就會互相拋棄；以本性相連的事物，碰到窮困禍患就會互相收容。互相收容與互相拋棄，兩者相差太遠了；再說，君子之間的交往平淡得像水一樣，小人之間的交往甜蜜得像酒一樣；君子平淡而能相親，小人甜蜜而易斷絕。不因利益而結合的，就不會因利益而分離。」孔子說：「我誠心接受你的指導。」於是緩步而行，悠閒地走回去，從此終止講學，拋棄書籍。

歷久彌新說名句

北宋時期，范仲淹在泰州當官，認識年僅二十歲的富弼。范仲淹對富弼非常欣賞，認為他有王佐之才，於是把他推薦給宰相晏殊。

幾年之後，山東一帶發生兵變，部分州縣長官看見亂兵來攻打，並非進行抵抗，而是開門延納，以禮相送。兵變被鎮壓後，朝廷派人追究責任。

富弼生氣地說：「這些人都應該判處死罪，否則就沒有人再提倡正氣了。」范仲淹則認為：「這些縣官沒有兵力，貿然抵抗，只是讓百姓受苦罷了，他們這種做法，應該是為保護百姓而採取的權宜之計。」兩人因意見不同，爭執起來。

有人勸富弼說：「你難道忘了范先生對你的恩德嗎？你考中進士後，皇帝下詔求賢。范先生聽到這個消息以後，馬上派人把你追回來，還準備書房和書籍，讓你安心溫習考試，你因此才能受到皇帝賞識，難道都忘記這些恩惠了嗎？」富弼回答說：「我和范先生交往是君子之交，范先生舉薦我，並不是因為我的觀點始終和他一樣，而是因為我能堅持自己的看法。我怎麼能為了報答他的情意而放棄自己的主張呢？」范仲淹聽後說：「我欣賞富弼就是因為這個原因啊！」

明代的宦官魏忠賢，對當時的皇帝熹宗十分順從。當時年僅十六歲的熹宗喜歡木工，是個天生的木匠，因此魏忠賢便讓小皇帝成天鋸木、刨木，做他喜歡做的事情，並在此時呈上奏章，而不肯放下木工的熹宗，總是隨手一揮，說道：「別來打擾，你自個兒看著辦吧！」久而久之，朝廷大權就由魏忠賢獨攬。

魏忠賢權傾朝野，成立東廠，陷害許多賢良忠臣，也正式開啟明代宦官專政的時代。由此可見，魏忠賢當時對明熹宗的順從都是另有所圖。

君子之間的交遊雖然平淡如水，但能夠沒有芥蒂，成就彼此；小人之間的交遊雖然看似甘蜜，但背後經常另有深意，甚至可能壞了大事，以上兩例正可說明「君子淡以成，小人甘以壞」這句話呀！

君子隱而顯，不矜而莊，不厲而威，不言而信

名句的誕生

歸乎！君子隱而顯，不矜[1]而莊，不厲[2]而威，不言而信。

～《禮記．表記》

完全讀懂名句

1.矜：驕傲自大。

2.厲：嚴肅的樣子。

語譯：回去吧！君子即使身隱，名聲也會顯著；不需驕矜，也能獲得尊敬；不需嚴厲，就能擁有威勢；不需言語，便能受人體信。

名句的故事

春秋時代，孔子帶領弟子周遊列國，但始終未能獲得國君的重用，心灰意冷之際，說出了這句名言。回到魯國後的孔子，以身體力行君子之道。

孔子在自己的鄉里，容貌恭敬溫厚，好似不大會講話的樣子。他在宗廟祭祀和朝廷議政時，卻言辭明晰通達，只不過態度還是恭謹小心罷了。在朝中與上大夫交談時，態度中正自然，與下大夫交談時，就顯得和樂輕鬆了。

孔子進國君的宮門時，低頭彎腰以示恭敬；然後疾行而前，態度端謹有禮。國君命他接待賓客，他容色莊重認真；國君有命召見，他不等車駕準備好就急忙出發前往。

孔子的處事態度，獲得許多弟子的推崇。宰我說：「以我來觀察夫子，他的賢能遠勝於堯舜呀！」子貢說：「觀察他的禮儀，就可以

明白他的施政；聽他的音樂，就可以知道他的德性。從百代之後，也沒有人能夠違背夫子所講的道理。自從有人類以來，沒有像夫子這樣的人。」

有若也說：「豈止是人呀？聖人之於人類，就像野獸中的麒麟，飛鳥中的鳳凰，太山上的蟻穴，河海中的無源之水。超越原本的種類，特起原有的群眾，自有人類以來，沒有比孔子更加聖賢的。」

孔子雖然沒有得到高官厚祿，但他的所作所為，早已讓名聲得以獲得彰顯，實在是一位真正的君子呀！

歷久彌新說名句

逢萌，東漢人。因家貧作過亭長，當時的縣尉行經過亭，逢萌必須等候迎接，並且低頭拜謁，結束拜謁之後，他就將亭長手持的楯（音ㄕㄨㄣˇ，用來追捕盜賊的工具）丟到一旁，嘆氣說：「大丈夫怎麼可以做別人的奴僕呢！」於是辭職前往長安學習，通達《春秋》。

後來王莽殺了逢萌的兒子逢宇，逢萌從此對友人說：「君臣、夫婦、父子三綱已經滅絕了！再不離開，災禍就會擴及別人。」說罷便解下帽冠，掛在東都城門上，與家人四處遊歷，客居遼東。

東漢光武帝即位時，逢萌前往琅琊勞山，涵養志氣，修習正道，眾人皆受到他的道德感召。後來皇帝下了詔書欲延攬他當官，逢萌還是不願接受，便駕車而歸，晚年壽終正寢。

逢萌一生沒有獲得高官厚祿，不過由於德性高尚，使他連隱居仍能夠彰顯好名聲，不需要擺出疾言厲色的面孔，也能得到人們的尊敬與信賴，正是孔子所謂的君子表率。

身不正，言不信，則義不壹，行無類也

名句的誕生

下之事上也，身不正，言不信，則義不壹[1]，行無類也。

～《禮記．緇衣》

完全讀懂名句

1.壹：專一。

語譯：在下位的人對待他的長官，假使行為不檢點，講話沒有信用，那就是道義不專一，這種行為不能成為榜樣。

名句的故事

實際上，孔子對於一個人的言行本來就很重視，不只是為人臣子，連平時為人處事都應該維持「言信身正」的態度。孔子就曾認為一個賢者應該要作到「侍奉父母能竭盡所能，侍奉君上能夠致力身心，與朋友交遊則須言而有信」。孔子曾說：「做人沒有信用，那就不知道他可以做什麼了。就好像大車沒有輗端橫木，小車沒有軏端上曲，這要怎麼行車呢？」可見「言信」是作為一個人的基本態度。至於「身正」，孔子則認為是為政者應該具備的行事準則，魯國的季康子曾問政於孔子，他說：「政者，正也，如果你作為表率行正道，那還有誰敢不行正道？」

為臣者，既是君上的屬下，又是人民的表率，自然要作到對君上言而有信，對人民以身作則，如果連這些基本態度都無法達成，那就是道義不專一，就連孔子也覺得這樣的人沒有什麼好說的了。

歷久彌新說名句

春秋時代，齊景公在位時，晉、燕兩國派兵侵犯齊國。齊景公十分憂心，於是召見了宰相晏嬰推薦的人選田穰苴，任命他為將軍，以抵抗敵軍。

田穰苴擔心自己出身卑微，於是建議齊景公另派遣心腹作監軍，於是景公同意另派莊賈前往。田穰苴向景公辭行後，就和莊賈約定：「明天正午，我們在軍門中相見。」

約定見面當天，穰苴先趕到軍中，等待莊賈到來。但莊賈這人一向驕盈專貴，心想將軍既已到軍中，自己又是監軍，便不急於準時趕去，而是去參加親屬朋友為他舉辦的送行酒宴。

到了正午約定的時間，莊賈還是沒有出現，穰苴便自行巡視營區，整理部隊，宣布各種號令規章。等他各種規定事項都完成後，已是日暮時分，這時莊賈才姍姍來遲，穰苴就問他：「怎麼約好時間還遲到呢？」莊賈歉然解釋：「那些親屬同僚趕著為我送行，所以延誤了。」

穰苴說：「身為將領，在接受任務的那一刻起，就應忘掉自己的家庭；到軍中宣布號令後，就得忘掉個人私情；在戰況緊急時刻，就不應顧及個人安危。如今敵國的侵略已經深入國境，民心騷亂不安，戰士暴露在前線戰場，君上憂心得寢食無味，全國百姓的生命都繫在你身上，還管什麼親朋好友呢！」於是召來軍法官，問道：「根據軍法，約定時間遲到，是怎麼樣的規定？」軍法官回答：「應當斬首。」莊賈很害怕，馬上派人前去向景公求救，然而派去的人還沒來得及趕回，莊賈就被處刑了。

莊賈和穰苴相約，卻不能在約定的時間到達，是言不信；身為監軍卻不能以身作則，尊重軍法，是身不正；身為齊國的臣子，卻無法全心全意為君上解憂，這是道義不專一，就像孔子所說的：「身不正，言不信，則義不壹，行無類也。」

君子寡言而行，以成其信

名句的誕生

言從而行之，則言不可飾也；行從而言之，則行不可飾也。故君子寡言而行，以成其信，則民不得大[1]其美而小[2]其惡。

～《禮記．緇衣》

完全讀懂名句

1.大：動詞，誇大。

2.小：動詞，輕忽。

語譯：跟著說出的話去做，那麼所說的話就無法掩飾；照著所做的事去說，那麼所做的事情就無法掩飾。所以君子不必多講話，只以行動來成就他的信用，這樣人民就無法誇大他的優點，或是輕忽他的缺點。

名句的故事

本名言是〈緇衣〉談論「言行合一」的部分，唐代孔穎達撰寫的《五經正義》對本名言是這麼解釋，他說：「說話和行為都不可以虛假掩飾，君子應該顧慮言論再行事，以達成誠信，這麼一來，別人就無法誇飾炫耀君子的美，或是刻意減少君子的惡，因為君子的美惡都可以從他的行為舉止來驗證。」這個說法完全解釋孔子對於君子言行的看法，除此之外，我們在《論語》也經常看到孔子這方面的言論。

在《論語．里仁》記載一則相同的言論，孔子說：「君子訥於言而敏於行」意思就是君子拙於說話卻敏捷行事。由於《論語》是一部紀錄孔子言論的經典，所以都是以語錄的方式呈現，讀者較難從中察覺孔子說出這些話的背後意義，不過比對本句名言後，就可以知道孔子為什麼會這麼說。

孔子認為君子最重要的就是做人要有「誠信」，而誠信的具體表現就是「言行合一」，君子之所以會有拙於發言，敏於行事的表現，最終的目的就是要「以成其信」。

歷久彌新說名句

某日，子路、曾皙、冉有、公西華等學生在孔子身邊侍坐。

孔子說：「不要顧及我年長，就不敢講真話。你們經常表示沒人理解你們，如果有人理解並重用你們，你們打算怎麼做呢？」子路急忙開口說：「要是我，有一個中等大小的國家，夾在兩個大國之間，外有強敵入侵，內有饑荒肆虐，由我來管理，只要三年，就可以使人人英勇善戰，還懂得做人的道理。」孔子聽了，只是微笑不語。

直到所有人都談完他們的理想，其他三人走後，曾皙就問孔子：「老師，他們三人的話怎樣呢？」孔子說：「只是談談大家的志向而已。」曾皙又問：「那您為何笑子路呢？」孔子說：「治國要講禮讓，他的話一點也不謙虛，所以才笑他。」

子路是孔子門下學生中比較率直的一位，說話常常不經思考就衝出口，因此總是遭到孔子責備。

這則典故正是子路沒有考慮自己能力，過於輕率發言，這樣一來，很容易言過其實、失去誠信，無法達到「寡言以成其信」的君子標準。

慎以辟禍，篤以不掩，恭以遠恥

名句的誕生

君子慎以辟禍，篤以不掩[1]，恭以遠恥。

～《禮記．表記》

完全讀懂名句

1.掩：困迫的樣子。

語譯：君子謹慎以遠避災禍，篤實而不受困迫，恭敬以遠離恥辱。

名句的故事

上古時期的五帝之一虞舜，本名叫重華。舜的父親瞽（音ㄍㄨˇ）叟瞎了眼睛，而且心不向善，後母言不及義，弟弟象則是狂傲驕縱，他們都想殺死舜。但是舜向來以順從的態度對待父親、後母和弟弟，一天比一天誠篤小心，從不懈怠，因此象想殺他，始終找不到藉口。

某年，帝堯為舜建築倉廩，瞽叟想要藉機殺死他，便要舜到倉廩上塗合縫隙，瞽叟從下面放火焚燒倉廩；舜利用兩個斗笠保護身子，跳下來逃走，得以不死。

從此之後，舜更加小心謹慎的孝順瞽叟，友愛弟弟，最後通過帝堯的試驗，成為接任的領袖。

舜登上帝位後，車上高舉天子旗幟，但去朝見父親瞽叟時，卻仍恭恭敬敬絲毫不敢大意，完全是人子對待父母的態度。虞舜這種謹慎、篤實、恭敬的態度，更讓天下人開始頌揚帝德。

君子只要謹慎篤實，就可以遠避災禍、不

受困迫，而虞舜依靠謹慎篤實的態度，順利躲避了殺機。登上帝位後，他依然以恭敬的態度對待父母，不僅未讓家人遭受恥辱，也令天下人開始稱頌虞舜的道德，可見虞舜的事蹟正說明這句話的主旨。

歷久彌新說名句

岑文本，字景仁，唐朝人。貞觀元年擔任祕書郎，後升任侍郎、中書令等職。他為人謙遜，崇尚節儉，忠誠謹慎，不貪戀功名利祿。

岑文本非常節儉，即使官居顯貴，住處仍非常簡陋，對待貧賤之人也總是以禮相待。

岑文本節儉而不貪戀享樂，不貪圖私利，所以能對朝廷一片赤誠忠心、恭敬謹慎，太宗也非常倚重他。

晉王為太子時，很多大臣都在東宮兼任官職，太宗想讓岑文本也兼任，但他辭謝說：「我憑借平庸的才能，所居官職早就超過了自己的能力，只擔任這一個官職，還擔心錯誤多得數不清，怎麼能再愧列太子的屬官，招致人們的非議呢？請允許我一心侍奉陛下，不想再去東宮希求恩澤。」太宗這才作罷。

岑文本升任中書令時，他不是高興而是面有憂色，母親問他原因，岑文本說：「我既非功臣又非故舊，承受了朝廷過多的寵信和榮耀，責任重、職位高，所以憂愁。」有人前來慶賀，他就說：「今日只接受慰問，不接受慶賀。」

岑文本後來跟隨太宗征伐遼東，太宗將軍務大事都託付於他，最後使他心力交瘁，行軍走到幽州時，岑文本突然發病，太宗親自前去探望並流下眼淚。他去世後，太宗下令追贈其為侍中，廣州都督，謚號憲，陪葬昭陵。

很多人官位唯恐不高，錢財唯恐不多，甚至為了這些身外之物而去做違法損德的事，最終卻是身敗名裂。岑文本秉持謹慎、篤實、恭敬的態度任職，最後可以遠避災禍，免除恥辱，並得到皇帝的追封，果真是一位君子呀！

謹於言而慎於行

名句的誕生

子曰：「君子道[1]人以言，而禁[2]人以行，故言必慮其所終，而行必稽[3]其所敝，則民謹於言而慎於行。《詩》云：『慎爾出話，敬爾威儀。』《大雅》曰：『穆穆[4]文王，於緝熙[5]敬止。』」

～《禮記．緇衣》

完全讀懂名句

1.道：音ㄉㄠˇ，開導、教導。
2.禁：約束，使謹慎。
3.稽：計議、議論。
4.穆穆：美好的樣子。
5.緝熙：光明的樣子。

語譯：孔子說：「君子以言語教導人民，用行為約束人民，因此說話必定考慮到後果，而行動必定計議缺失，那麼人民也會謹言慎行。《詩經》說：『小心你說出的話，敬慎你的儀態。』《大雅》說：『美好的文王啊！他的舉止多麼恭敬光明！』」

名句的故事

「謹於言而慎於行」是《禮記》對孔子教育方針的整理。孔子在教導學生時經常提「謹言慎行」的重要，其中又以孔子和學生子張的對話最能彰顯這個理念。

子張，本名為顓孫師，是陳國人，小孔子四十八歲。子張問孔子要怎樣才能求得祿位，孔子說：「多聽人家的說話，把覺得可疑的放在一旁，其餘部份要講述時也得很謹慎，這樣講錯而招怨的事就少了；多看人家的行事，把覺得不妥當的地方去掉，其餘部分要去做時也得很謹慎，這樣做錯而悔恨的事就少了。說話少錯誤，做事少悔恨，言行能夠這樣平正篤實，那你要求的祿位就在這裏面了。」

又一次，子張與孔子在陳、蔡兩國之間遭到困厄。子張就問孔子，做人要怎樣才能處處行得通。孔子說：「一個人說話忠誠信實，做人要篤實恭敬，就是到蠻陌的異邦也行得通。說話不忠誠信實，做人不篤實恭敬，就算是在自己的本鄉本土，也未必能夠行得通吧！」子張當下就把這些話寫在自己的大束帶子上。

子張兩次對孔子提出的問題，一個是關於求祿位的，也就是當官；一個是關於處事的，也就是做人，而孔子都用「謹言慎行」的概念回答他，可見孔子認為無論是當官或做人，「謹言慎行」都是最基本應該遵守的功夫。

歷久彌新說名句

阮籍是魏晉時代的竹林七賢之一，他的父親阮瑀曾擔任曹魏的丞相，是建安七子之一。阮籍原本處於一個流行品評人物、崇尚清談的社會裡，然而自從司馬懿篡奪曹魏政權之後，便實行恐怖政治，為了避免政治災禍，他十分謹言慎行，完全做到「口不臧否人物」。雖然阮籍嗜酒成性，每次喝酒往往大醉，平時也以瀟灑和不拘禮節而出名，但是想要設局陷害他的鍾會，幾次趁機去探測他對政治時局的態度和看法，都因阮籍的酣醉不語而未能得逞。連晉文王都常對人說：「阮籍的為人，至為謹慎。每次說話，都讓人難以測度。而且，他從來不曾批評過人家的長短。」由於阮籍平時的謹言慎行，才沒有遭受與好友嵇康同樣被殺害的命運。當司馬氏當權的時候，司馬父子都對阮籍非常優厚，在實行恐怖政治的西晉時代，阮籍依靠謹言慎行換得一生平安。

禮記

古之為政，愛人為大

100

樂以迎來，哀以送往

名句的誕生

春禘秋嘗[1]。秋，霜露既[2]降，君子履[3]之，必有淒愴之心，非其寒之謂也。春，雨露既濡[4]，君子履之，必有怵惕[5]之心，如將見之。樂以迎來，哀以送往。故禘有樂而嘗無樂。

～《禮記．祭義》

完全讀懂名句

1.春禘秋嘗：禘祭與嘗祭，皆是由一國之君所主導以祭祀先王先公的大典，盛行於夏商兩代，漢代也施行這兩個古禮。古禮規定一年之中每季行禮一次，後來為求簡便遂於春、秋各行一次，春天為禘祭，秋天為嘗祭。

2.既：已經。

3.履：原意為踩踏，此處引申為經歷之意。

4.濡：沾濕、浸濕。

5.怵惕：心驚之意，此處解為猛然襲上心頭的悸動。

語譯：古代祭祖大典，以春天的禘祭與秋天的嘗祭最為重要。秋日時節，天氣漸冷，霜露已降，君子雙足踏在霜露覆蓋的大地之上，淒愴之情不覺襲上心頭，這種情感的湧現並非因為天寒，而是因為君子雙眼所見皆是蕭條的大地，蕭瑟的秋景觸動了君子的哀思。當春暖人間，春雨浸潤乾涸已久的大地，君子雙足踩在濕潤的土地上，萬物復甦的景色使君子心中有所悸動，以為已經逝去的親人也能隨春天重返人間。人們以欣喜的親情迎接親人，以悲傷的心情送他們離開人間，所以春天舉行的禘祭有樂有舞，而秋天的嘗祭則不用樂舞。

名句的故事

《禮記．祭義》旨在說明祭禮的精神與行禮的原因。〈祭義〉解釋，古人行祭祀之禮，以不數（多）不疏（寡）為原則，過於頻繁地祭祀，容易使人感到厭煩，不敬之心油然而生，這便破壞了祭祀的本意；祭拜的次數太少，則易流於怠惰，倦勤過久，也就忘了祖先的存在，更遑論對祖先的感恩與追思。

在萬般考量之下，我們的老祖宗為了合於天道，又便於人情，僅在春秋兩季舉行禘祭與嘗祭。

人活在自然宇宙之中，本來就容易受到季節遞嬗的影響，因而興發不同的情感。

春日時節，人類特別容易湧起渴望見到逝去親人的悸動，於是在這時舉行祭禮，可以讓活著的人以真摯的心情緬懷逝去的親人，以聊慰他們的思親之心。因此春天的祭祀是充滿期待與喜悅的，故可用樂歌與舞蹈相佐。

到了秋天，萬物的生氣消退，天地一片淒涼蕭索，便容易引起人類的感傷之情，連帶使人回憶喪親的哀痛，因此秋天的嘗祭不宜樂舞。

「樂以迎來，哀以送往」是人之常情，反映在祭禮上也是如此。

歷久彌新說名句

從「樂以迎來，哀以送往」脫胎而出的成語，便是大家耳熟能詳的「送往迎來」。

「送往迎來」一詞，流傳至後世已經很少被施用於祭禮、祭祀等語境中，不過在古代，還是會這麼使用。

《後漢書．章帝紀》記載，章帝有一年舉行禘祭，心情特別悲傷，他說：「今年大禮復舉，加以先帝之坐。悲傷感懷。樂以迎來，哀以送往，雖祭亡如在，而空虛不知所裁。」意思是指今年舉行禘祭大禮時，先皇的神位已經安放上去，我因此感傷滿懷。祭禮開始時，我滿心歡喜用音樂迎來先皇；但典禮結束後，要送走先皇又使我悲不可遏。雖然古書說，祭祀先人，恭敬之心一如祂們在世時，但我心中失去父親的空虛茫然卻無法平息。這裡還保持著《禮記》中「送往迎來」的意思，不過以下的例子就並非如此了。

送往迎來的另一個意思是「迎接來客，歡送離去的客人」，後來用來形容人忙於應酬答客，這也是現今較常用的意義，典源出於《莊子．山木》。

春秋時代，衛靈公命令大夫北宮奢，在三個月內建造一座雙層鐘架，北宮奢如期完成此事，衛國王子慶忌見狀相當訝異，便問北宮奢有何祕訣。

北宮奢回答衛王子說道：「一之間，無敢設也……其送往而迎來，來者勿禁，往者勿止；從其強梁，隨其曲傳，因其自窮。故朝夕賦斂而毫毛不挫，而況有大塗者乎！」大致上的內容是說我哪有什麼祕訣呢？只是一心一意想要鑄鐘罷了，所以我也沒有頒布任何法令，只是聽任人民的意志，送東西來的人不拒絕，不願意捐獻的也不強留。所以雖然朝夕徵收稅賦，但是人民也沒有任何損傷。

北宮奢所言除了是道家治國的守則以外，也可以運用在企業經營上。現代企業的客服部門便是專為「送往迎來」而生，接待客人若能面面俱到，便是企業經營的致勝關鍵。

大孝尊親，其次弗辱，其下能養

名句的誕生

曾子曰：「孝有三：大孝尊親，其次弗辱[1]，其下能養。」公明儀問於曾子曰：「夫子可以為孝乎？」曾子曰：「是何言與[2]？是何言與？君子之所謂孝者，先意[3]承志，諭[4]父母於道。參直養也，安能為孝乎？」

～《禮記．祭義》

完全讀懂名句

1.弗辱：不辱。弗，不也。

2.與：同「歟」，表示疑問。

3.先意：預知父母心意，且先為父母辦妥。

4.諭：使人明白。

語譯：曾子說：「孝有三種等級：最上等的孝，是使父母得到天下人的尊敬；次等的孝，是不辱沒父母的名聲；最下等的孝，只不過是能養活父母而已。」公明儀問曾子說：「老師的孝行，可以稱得上是孝了吧？」曾子回答：「這是什麼話呢？這是什麼話呢？君子所謂盡孝道，是要能在父母還沒吩咐之前，就知道父母的心意而先一步替父母辦好了，而且做了以後又要能使父母明白那是做人的大道理。像我這樣只不過做到奉養父母而已，怎麼能稱為盡孝呢？」

名句的故事

曾子是先秦儒家的著名學者，曾參在孔子死後擔負孔門傳道者的角色，曾參最廣為人知的事蹟便是他的孝行及其修養。

因此《孝經》這部後出的經典，才託名為曾子或曾子門人所作，以彰顯它的重要性。

雖然孔子生前最推崇的學生為顏回，不過因為顏回早亡，在儒學的傳承系譜中占有一席之位的卻是曾參。

《論語》及大、小戴《禮記》都將曾子所言視為載道之語，明文記錄下來，南宋朱熹更認為《禮記‧大學》絕大部分出於曾子。

百善孝為先，孔子也說：「夫孝，德之本也。」孝是待人接物的起始點，也是所有德行的根源。人類甫一出生，父母便無條件付出關愛，人若不能孝敬父母，那麼我們也很難期待這樣的人能夠善待他人，因此孔子對於孝道特別講究。

在《論語》中我們可以發現，孔子認為盡孝有程度之分，在奉養父母的層次上，還須保持恭敬與和顏悅色，僅僅是做到口體的奉養，並不足以稱孝，曾子在孔子論孝的基礎上，進一步區分孝的層次。

曾子認為孝子應當「先意、承志，諭父母於道」，也是基於孔子的教誨，孔子主張父母有過，必須委婉勸諫，如父母不願意聽從兒女的勸告，小過可順從父母的心意，大過則不能盲從。由此可知，中國人所謂孝道，並非盲目的愚孝，而是符合權變與普世價值的孝道。

歷久彌新說名句

曾參是歷史上著名的孝子。其父曾點，也是孔子的學生，孔子評論曾點的人格特質為「狂」，所謂「狂」，其優點在積極進取。

孔子曾說：「不得中行而與之，必也狂狷乎。」意思是：如果找不到符合中庸之道的人可以作朋友，那麼也可以與狂狷之人結伴同行。不過，狂者的缺點是性格有些橫暴。我們可以從《孔子家語》的一個小故事，看出他們的親子互動。

曾參有一日在瓜田耕耘時，不小心把瓜根挖斷，他的父親曾點大怒，便拿起手邊的手杖狠狠毒打了曾參，曾參因此昏厥了過去。醒來後，曾參怕父親擔心，還在房中鼓琴表示自己身體已經沒有大礙了。

孔子聽聞曾參愚孝的事蹟以後，非常生氣，下令弟子將曾參擋在門外，不讓曾參入內見他。

曾參對這個狀況是一頭霧水，便請同學私下打聽老師生氣的理由，孔子才說：「你難道沒有聽過舜侍奉瞽叟的事蹟嗎？舜侍奉瞽叟雖然到了寸步不離的地步，但瞽叟也沒有因此就成功殺死舜。這是為什麼呢？因為舜不想讓他的父親犯下殺子之罪，今天你曾參用血肉之軀去承受父親的暴怒，如果死於父親盛怒之下，豈不是陷父親於不義？小小的責打能承受便承受，但若遇到大力杖打，就應該趕緊逃走。」

從這則故事中，也頗可看出孔子的教育觀，孔子並不認同曾點教育曾參的方式，但他本身亦不便干涉曾點的教養之道，因此才告訴曾參這一番道理，希望曾參能夠明白：全然順從父母的責罵，並非真正的孝道。

真正的孝順必須與智慧相伴，如此才能體察父母的真心，並且使父母反省自己的所作所為，如曾參所言「諭父母於道」也是一種盡孝的方式。

不辱其身，不羞其親，可謂孝矣

名句的誕生

一舉足而不敢忘父母，是故道而不徑[1]，舟而不游[2]，不敢以先父母之遺體行殆[3]也。一出言而不敢忘父母，是故惡言不出於口，忿言[4]不反於身。不辱其身，不羞其親，可謂孝矣。

～《禮記．祭義》

完全讀懂名句

1.道而不徑：道、徑皆為動詞；道指走大道，徑指走小徑。

2.舟而不游：舟、游皆為動詞；舟為乘船，游為游泳

3.行殆：冒險。

4.忿言：他人忿怒的言詞。

語譯：君子每次舉足行步，都不敢忘記父母，因此走路只走大道而不走小路，能乘船渡河便不犯險游泳。君子每次開口出言，也沒敢忘記父母，因此絕對不會對人口出惡言，自然也不會招來別人的詬罵。如此，才能使自身免於受辱，也不使父母蒙羞，這樣才可以稱得上是孝。

名句的故事

樂正子春是春秋戰國時魯國的一名賢者，同時也是曾參的學生，是一個重視孝道與信用的人。

樂正子春學成之後，和曾子一樣也收了很多學生，並教導他們如何成為一名真正的君

子。本則名句便是樂正子春傳述曾子、孔子的孝論。

有一日，樂正子春從堂上走下來時，不小心跌傷腳。腳傷好了以後，樂正子春依然閉門不出有數月之久，並且面帶愁容。

樂正子春的弟子便問老師：「老師，您雙足痊癒了好幾個月，卻仍然閉門不出，而且面有憂色，您這是為什麼呢？」

樂正子春在憂心之餘仍趁機引孔子的話告誡弟子。孔子認為，父母給予的肉身為天下最珍貴之物，做人兒女的在離開人世之際，要把這個身軀清白、完整地歸還給他們，不得受絲毫污辱與毀傷。

孔子又曾說過：「君子沒有一刻敢忘記孝道」，正因樂正子春自覺沒能做到「舉足不忘父母恩」的教誨，才憂心忡忡。

身體是父母留給子女最珍貴的禮物，故《孝經》裡說：「身體髮膚，受之父母，不敢毀傷，孝之始也。」意思是我們身體每一寸血肉都是父母賜予我們的，如果有心為孝，最根本便是要從愛惜自己的身體做起。

除此之外，儒家傳統更認為人與人之間是一個緊密互動的關係，其中居於樞軸地位的關鍵便是孝。

所以曾子認為一個人行為不莊重、不講信用，讓人輕視或受人詬罵，便稱不上是孝子；為官者疏忽怠職、甚至貪贓枉法，非一國忠臣，但若上司追究連帶責任，最後拖累父母亦屬不孝；上戰場臨陣恐懼，也不是孝的表現，社會將因此評價父母教養無方，這就使得父母的聲譽蒙羞，所以為人子女者，待人處世更須小心謹慎。

歷久彌新說名句

曾子是孔子晚年的學生，恪守孔子教誨，篤行孝道，直至曾子臨終，都不曾懈怠。

曾子晚年病危，彌留之際將他的及門弟子召集於床前，準備進行最後一次的機會教育，曾子告訴他的弟子們說：「啟予足，啟予手。《詩》云：『戰戰兢兢，如臨深淵，如履薄冰。』而今而後，吾知免夫！小子！」白話的意思是：「把我身上的棉被掀起來吧，看看我的手腳，是不是完好無缺。《詩經》上說：『要小心謹慎啊，就像站在深淵邊，就像踏在薄冰上。』從今以後，我知道我可以免於憂慮身體的毀傷了。」曾子引用《詩經》「戰戰兢兢」一言，不僅提醒弟子要愛護身體，更是告誡弟子要謹慎恭敬為人，以免遭受刑罰。

按照曾子而言，他已經做到「不辱其身，不羞其親」的全孝了。

如果個人能夠修習己身，愛惜自己身軀與聲譽，父母一來不用擔心孩子的健康問題，二來不用因為孩子的罪過而背負罵名，這是身為人子最基本的孝道。若每個人都能達到孝道實踐的基本值，那麼我們便可以期望這股力量將能夠齊家、治國、平天下。

君子審禮，不可誣以奸詐

名句的誕生

禮之於正國也：猶衡[1]之於輕重也，繩墨[2]之於曲直也，規矩之於方圓[3]也。故衡誠[4]縣[5]，不可欺以輕重；繩墨誠陳，不可欺以曲直；規矩誠設。不可欺以方圓。君子審禮，不可誣以姦詐。

～《禮記．經解》

完全讀懂名句

1. 衡：天秤。
2. 繩墨：建築工匠用來畫直線的工具。
3. 方圓：讀作「方圓」。
4. 誠：真實、準確之意。
5. 縣：即「懸」，表示秤重時的平衡狀態。

語譯：禮被用來治理一個國家，就好比以秤來衡量輕重，以繩墨來驗證線條的曲直，用圓規及矩尺來畫度方圓。所以當天秤可以精準地秤重時，便沒有人可以從中造假；繩墨能夠準確地畫出直線時，便沒有人能用屈曲的線條瞞混過去；而當圓規與矩尺都能畫出標準的圓與方時，此後不論是畫方或畫圓都無從走樣。君子一旦深明禮節，那麼任何的狡詐手段都無法逃過禮儀的法度。

名句的故事

《禮記．經解》乃是現存最早為經書解題的篇章，主在解明六經之效與評論其優劣，因六經各有得失，故本篇作者歸之以「禮」，「禮」才是齊家治國的主箴。

本句主旨便在討論禮與治國間的關係，兩者好比天秤與秤重、繩墨與畫線、規矩與規劃方圓。

前者是工具，後者是目的，〈經解〉因此特別強調：「有治民之意，而無其器，則不成。」意思是指有治理好一個國家的企圖，但沒有適合的工具，也無法治理好一個國家。作者認為「禮」是最適合用來治國的工具，因為「禮」既有客觀的標準，也有深刻的禮意。

「禮」不僅是社會的規範，同時也限制了諸侯、卿、大夫、士可享有的特權，「禮」既有此特性，則亂臣賊子便難以「奸詐誣之」。

魯定公十二年，孔子為魯司寇，此時魯國朝政已被三桓貴族把持許久，孔子於是向定公建言：「臣無藏甲，大夫毋百雉之城。」按照禮節，為避免公室抑弱，家臣尾大不掉，大臣不該私養軍隊，大夫的城池不得超過百雉。定公納諫，遂下令強制三桓撤除城牆。首先拆除城牆的是叔孫氏，其次則為季孫氏。在孔子執政的期間內，魯國國政受到貴族挾持的危機終於暫時解除。

孔子說：「禮云禮云，玉帛云乎哉？」以此反問禮節難道僅是玉帛這類象徵身分的器物所代表的意義嗎？當然非也。禮不僅是鐘鼎、玉飾、服冠、車馬等物質享受，更包含了深刻的禮意，試想君臣、父子、叔姪間難道可以享同等待遇？臣下、世子若欲貪求君上所有一切，難道可僭越身分掠之奪之？若三桓不欲上與其君齊位，那他們也不至於暗自聚斂兵甲，私舞八佾，這時候「審禮」的君子便能洞燭機先，先行勘破諸侯不軌的心思。

歷久彌新說名句

唐貞觀十三年，太宗有感賢才不易得，便在魏徵等近臣面前發了一頓牢騷，大抵是說：太宗聽聞大亂之後必有太平，認為能安頓天下者唯有賢才，眼前這些重臣空領國家奉祿，卻庸庸碌碌不知進賢，他自己也不可能一一遍訪，於是便希望有賢人能自我推薦。

魏徵聞言，忙不迭地否決了太宗這個提

議。貞觀十四年，魏徵上書太宗說：「君子審禮，不可誣以奸詐。」上書太宗，說明用人之法，不可因人設事，需要有一定標準。

若君子明於禮法，那麼則臣下便無法欺上瞞下，隻手遮天。

魏徵接著說：「然則臣之情偽，知之不難矣。又設禮以待之，執法以御之，為善者蒙賞，為惡者受罰，安敢不企及乎？安敢不盡力乎？」意思是皇上想知道臣子們能否盡忠並不困難，只要按禮、法行事，遇功則賞，有過則罰，誰敢偷雞摸狗不辦好國家交付事項？

魏徵認為唐太宗之所以不得「忠良」完全是咎由自取，因為太宗並不按「禮」、「法」賞罰大臣，太宗的原則只有「愛之欲其生，惡之欲其死」的人治規矩。

所愛之人有罪，因其受皇帝寵愛，故可不受刑罰；然而皇帝所惡之人即使無辜，也難逃斧鉞。由此可見，大唐並非沒有人才，而是由於太宗不能審禮，這才造成國無忠良、劣臣驅除良臣的局面。

安上治民，莫善於禮

名句的誕生

隆[1]禮，由[2]禮，謂之有方之士[3]。不隆禮，不由禮，謂之無方之民，敬讓之道也。故以奉宗廟則敬；以入朝廷，則貴賤有位；以處室家，則父子親、兄弟和；以處鄉里，則長幼有序。孔子曰：「安上治民，莫善於禮。」此之謂也。

～《禮記．經解》

完全讀懂名句

1.隆：重視。

2.由：遵從，實行。

3.有方之士：有法度的人。

語譯：我們把重視禮節，並遵守實行的人稱之為有法度的君子。不重視禮節，亦不實踐的人則屬於不懂道理的化外之民。尊禮與行禮，其實只是敬與讓的道理。懂禮數的人，入宗廟祭祀，則能心存敬畏之心；入朝為官，則明白長官下屬的分際；居處家中，則能收到父慈子孝、兄友弟恭之效；而在鄉里之間，也明白敬長扶幼的道理。孔子說：「沒有能比『禮』更能約束上層統治階級，以及能妥善治理人民的東西了。」說的就是這個意思。

名句的故事

王夢鷗先生註解《禮記．經解》提到：「本篇文句，多採自《荀子》、《大戴禮記》、《家語》之文。」本篇節錄的部分，亦出現在《荀子．禮論》中。

自西周行封建制度以來，以周室宗法為核心的諸侯國，與不以宗法為核心的夷狄國家，產生了一條壁壘分明的界線。

有方之士與無方之民的實指對象是華夏集團與夷狄國家，而若將對象範圍擴大，則指涉普遍不重視禮、漠視宗法制的人。

《禮記‧經解》原文並沒有明白指出不隆禮、不由禮之人為誰，不過《荀子‧禮論》便直言：「禮之理誠深矣，『堅白』『同異』之察入焉而溺；其理誠大矣，擅作典制辟陋之說入焉而喪；其理誠高矣，暴慢恣睢輕俗以為高之屬入焉而隊。」意思是「禮」的道理至廣大且極精微，所以自然能使公孫龍的白馬論、惠施的堅白說（名家）；慎到的重勢派（法家）；它嚻、魏牟主張的縱情任性說（道家）等歸於沉滅。

荀子一生以恢復禮制為志趣，但當時正值百家異言風起雲湧的時代，荀子論禮，便是在戰國紛亂的政治時勢中，並且與其他學者抗衡的情形之下，總結西周經驗與孔子遺教所提出來的策略，希望能夠透過重振「禮」的傳統，而回歸上古三代的盛治。

因為周代封建制度，按親親與尊尊兩條禮制雙軌並行，所以孔子、荀子才認為「禮」既符合人情之常，又能有效限制貴族野心。道家的無為、名家的繁瑣、法家的苛刻都不是治國良方，唯有「禮」才能夠安上治民。

當然，這一理想，在荀子有生之年未曾見到，不過經過戰國兩百年間爭伐不斷與秦朝二世而亡的亂局之後，漢朝最終仍選擇了儒家作為維繫帝國政治的主要學說，漢朝人日常生活的三綱五常之道都必須按「禮」施行，也締造了兩漢四百年的盛治。

歷久彌新說名句

《孟子‧滕文公》總括形容春秋時代的現狀：「世衰道微，邪說暴行有作。臣弒其君者有之。子弒其父者有之。」其大意是說明隨著血緣的疏遠、封建禮法的衰弱，在社會上遂產生了一些擾亂人心的邪端異說。為了謀奪王位，為人臣、為人子者不惜以下犯上，做出臣弒君、子弒父等逆反人倫的行為。

孔子見狀痛心疾首，於是著作《春秋》。但願能在《春秋》中以一字寓褒貶，使「亂臣賊子」心懷恐懼。

孔子時代，已是周室東遷，天子威信一落千丈之時，面對此情此景，孔子曾感嘆道：「夷狄之有君，不如諸夏之亡也。」諸夏所指，便是中原華夏的諸侯國，孔子認為異邦之族雖屬蠻夷，但卻懂得尊重君長，不像華夏諸侯僭亂無禮，不守君臣的名分。所謂的「禮」，簡言之只是名分倫理的問題，孔子認為：「必也正名乎。」他認為肅清一國的政治，首要的手段便是「正名」。

在封建時代，國君與其臣子有時是父子，有時則為叔姪，為了一國之君的位置，父子、叔姪之間往往演變到持刀相逼的地步，這便破壞人倫。除此之外，君臣的分際也不可不分。季氏為魯國最有權勢的大貴族之一，在某一次的祭典中，季氏以其大夫身分在庭院中大跳八佾舞。

周代禮法規定，唯有天子能用八佾，其餘諸侯只能用六佾，更次一等的大夫只能跳四佾舞，季氏為魯國大夫而跳八佾舞，擺明了僭越禮法。

季氏的野心同時也反映在他對魯國國政的干預上，時至春秋末，原本的魯國國君，果然被季氏取代，這便是不能以禮治國的結果。

政者正也，君為正，則百姓從政矣

名句的誕生

孔子侍坐於哀公。哀公曰：「敢問人道誰為大？」孔子愀然作色[1]而對曰：「君之及此言也，百姓之德也。固臣[2]敢無辭而對？人道，政為大。」公曰：「敢問何謂為政？」孔子對曰：「政者正也，君為正，則百姓從政矣。君之所為，百姓之所從也。君所不為，百姓何從？」

～《禮記．哀公問》

語譯：孔子陪哀公閒坐。哀公問：「敢問人間至道為何？」孔子修飭容色後，回答說：「您能這麼問，真是百姓的福氣。鄙臣怎敢不好好回答呢？人間的道理當然是以政務為最重要。」哀公接著問：「那麼『政』的意義又是什麼？」孔子回答說：「『政』就是正，國君的作為如果正直，那麼百姓也會做個正直的人。國君是人民立身處世的榜樣，如果國君本身的德行不能作為人民的楷模，那百姓又該效法誰呢？」

完全讀懂名句

1. 愀然作色：愀，音ㄑㄧㄠˇ。愀然，容色驟變的樣子。作色：整飭神色。
2. 固臣：鄙陋之臣，為孔子自謙之詞。

名句的故事

〈哀公問〉一篇為記載哀公問孔子為政之道的文獻，《大戴禮記》與《孔子家語》也有類似的記載。

除了魯哀公之外，季康子也曾問政於孔子，孔子回答他：「政者正也，子帥以正，孰敢不正？」季康子是孔子晚年的學生，亦是魯哀公時代季氏家族的掌權人。

孔子這樣回答季康子是有原因的，季康子的父親季桓子（季桓子是魯定公時代季氏的掌權者），有三個能幹的家臣，他們分別叫仲梁懷、陽虎和公山不狃。

三個家臣為了爭奪各自的利益，爆發了武裝衝突，仲梁懷雖然後來被驅逐，但季桓子卻被陽虎囚禁，陽虎與公山不狃暗中勾結欲撤換三桓的繼承人，以便控制三桓以及魯國。就這樣，陽虎與公山不狃牽制季桓子，季桓子又脅制魯君。

所謂上梁不正下梁歪，這種情況幾乎是春秋諸國的常態，等到季康子問孔子為政之道時，孔子終於可以告訴季康子他父親時代的教訓：為政最大也最簡單的道理，便是以身作則，領導者若行得正、坐得穩，那麼誰敢犯上作亂？

孔子也是如此告誡哀公。哀公是魯定公的兒子，孔子在定公時代曾經官至大司寇（國家司法機關），在孔子執政期間，魯國國政漸趨穩定，百姓安樂。

齊國見狀，深怕魯國的強盛將威脅到齊國的安全，於是贈送八十名女樂給魯定公，定公貪圖逸樂，遂接受齊國的餽贈。孔子大感國君不懂得修持自身道德，反而沉迷玩樂，遂掛冠求去。

將原本想勸諫定公的一席話，等到哀公問政時，才痛快吐出：「政者正也，君為正，則百姓從政矣。」

對魯哀公與季康子之問政，孔子皆以「政者，正也」作為回答，無疑是希望哀公與康子能以其父之過為殷鑑，別再重蹈覆轍。

歷久彌新說名句

儒家論「為政」素來相信：良好的政績繫於統治者的德行。於是他們堅信，只要一國統治者具備美好的品德，那麼便能夠成就王道。

所以孟子說：「以德行仁者王，王不待大，湯以七十里，文王以百里。以力服人者，非心服也，力不贍也。以德服人者，中心悅而誠服也。」商湯、文王都是古代著名的聖王，但他們原有的封地僅是春秋時代小國的規模而已，但兩人都能夠成就王道，這是因為商湯與周文王，都能以德服人，號召天下萬民，成就大業。而以力服人者，會有力不足以壓制的時候，但以德服人者卻可以達到使人心悅誠服的地步。

孟子曾經拜訪魏國，和梁惠王有一番深談，梁惠王請教孟子，認為自己對於國政如此盡心，放眼毗鄰諸國沒有比他更用心的國君了，但為何魏國人民卻沒有增加，而鄰國人民也沒有減少呢？孟子回答惠王說：「你與鄰國國君只不過是五十步與一百步之差別而已，若惠王您可以做到廣施仁政，那麼天下之民都會歸服，並且希望成為您的子民。」

孔子在《論語．為政》中說：「為政以德，譬如北辰。居其所，而眾星共之。」如果統治者能以德政治民，那麼他的地位就會向北極星一般崇高穩固，群星都將圍繞著這顆星辰而旋轉，說的就是這個道理。

君子言不過辭，動不過則

名句的誕生

公曰：「敢問何謂敬身？」孔子對曰：「君子過言，則民作辭[1]；過動，則民作則[2]。君子言不過辭，動不過則。百姓不命而敬恭，如是則能敬其身。」

～《禮記．哀公問》

完全讀懂名句

1.作辭：說話。

2.作則：「則」有榜樣、楷模之意。「作則」乃效法楷模人物的作為之意。

語譯：哀公問孔子：「請問敬身的道理是什麼？」孔子回答哀公：「君子有不當言辭，百姓會跟著說；有不良的作為，百姓會跟著做。所以君子不能說錯話、做錯事。能夠如此，那麼君主不需要發號施令，百姓也會跟著做，這就是『敬身』的道理。」

名句的故事

孔子說解「敬身」，特別針對人君的道德操守及其影響力進行抒發，所謂「敬身」，其實就是在道德修養上能夠高度自律。

在政治領域上，孔子也極力要求人君要「敬身」的原因，在於孔子認為統治者與人民之間，有「上行下效」的關係。

孔子曾說：「君子之德，風；小人之德，草。草上之風，必偃。」君子在此指稱有地位的貴族，而小人則指一般黔首百姓，兩者之間的關係有如風與草，風吹則草偃，上行則下效，因此君子本身德行的高下，也將影響一國的民情教化。

在孔子的思維脈絡中，國君如果想要限制百姓的行動，最好的方式並非憑藉法律，而有賴國君本身的德行。如果國君本身就是一個有德君子，那麼更可以省掉強制命令之功，而這種修養己身德行，表現高度自律，以德政取代刑法的實踐精神，就是「敬身」。

孔子心目中的政治家，絕非倚賴法律與刑罰管理人民的人，夫子有道：「道之以政，齊之以刑，民免而無恥；道之以德，齊之以禮，有恥且格。」與其用刑罰限制人民惡行，不如用道德啟發他們的羞恥心，使人民自發向上。

儒家期望人君可以成為一個具備高度自律精神、能夠修己成德，並且在精神上感發人民的彬彬君子。

不過在歷史上，符合儒家標準的聖王顯然不多，因此儒家學者慣以古代聖王為喻，勸諫當今人君。

歷久彌新說名句

子貢曾經說了一句與孔子類似的話，子貢說：「君子之過也，如日月之蝕也。過也，人皆見之。更也，人皆仰之。」君子因為地位崇高，所以他的失誤，有如日月蝕般人人皆知，更可能會成為百姓為自己罪過開脫的辯辭；同樣若君子處於高位，還能抱持改過遷善的決心，那麼他的勇氣與實踐，也會受到百姓的景仰。

這個效應同樣適用於現代社會，許多著名的生物學家都認為：人類雖然能研發高科技產品，預測世界經濟脈動，但他們的大腦仍然非常原始。

在社會物理學家布侃南（Mark Buchanan）的研究中，便把人類當作是一顆顆的原子在社會裡運作，人類互相碰撞、接觸以激發新的火花，這是人類文明進化史中不可或缺的過程。在人類演化的過程中，模仿行為帶來的學習效果居功厥偉，模仿保證當事人的選擇存在著一定的可靠性，可以減少失誤。

更重要的是，身為人類的我們經常觀察並且分析成功人士之所以成為「人上人」的原因；亦認為只要模仿他們，便能和他們一樣擁有成功的人生。

雖然古人效法其君主的行為，未必是為了追求卓越人生，可能只是為了免除災禍，但在教育不普及的先秦時代，人民接受教育的機率遠比現代人低，他們賴以判斷是非、對錯、善惡的標準，便只有高高在上的人君，人君的作為就如同北極星一樣，都有指標性意義，以現在的語言來說，這便是他們的「公共責任」。

古之為政，愛人為大

名句的誕生

公曰：「敢問何謂成親[1]？」孔子對曰：「君子也者，人之成名也。百姓歸之，名謂之君子之子，是使其親為君子也，是為成其親之名也已。」孔子遂言曰：「古之為政，愛人為大。不能愛人，不能有其身[2]。不能有其身，不能安土。不能安土，不能樂天[3]。不能樂天，不能成其身。」

~《禮記．哀公問》

完全讀懂名句

1.成親：「親」原為雙親之意；「成親」在此應解釋為國君與其人民的關係，有如父母與子女。

2.有其身：「有」猶「保」。「有其身」原為保全個人身軀，此處有保全地位之意。

3.樂天：安於接受天命的安排。

語譯：魯哀公問孔子：「請問什麼是成親呢？」孔子回答哀公：「君子是百姓成就、給予才能享有的美名。百姓若認可國君的作為，便說自己是『君子的子民』，將君子的美稱歸於國君，這就是成親之意。」孔子接著說：「古代為政做官的人，把愛護人民放在最重要的位置。不能愛護人民，遲早被人民推翻，甚至無法保全其生命地位。被推翻後，便無法再定居於原處。長期流離失所，使之怨天尤人。怨天尤人者，多不能反省己過，也就無法成就己身的德行。」

名句的故事

樊遲曾經問孔子何謂「仁」，因樊遲在孔子弟子中屬於資質較魯鈍者，所以孔子便以最明白易曉的道理回答樊遲，所謂「仁」僅僅是「愛人」而已。

「仁」是孔門的核心價值。而孔子說的愛人，又該如何定義呢？

有一回，孔子與曾參及其他弟子在屋內談話，講到激動處，孔子不禁發出「參乎！吾道一以貫之」的感嘆，意思是：「曾參啊，我教學生的道理雖然千頭萬緒，但是最終都可以用一個道理來統貫啊！」曾子明白孔子感嘆為何，便回答老師：「是，我明白。」後來孔子走出屋外，其他弟子低聲問曾子：「老師在打什麼啞謎？」曾子不愧為孔門的高材生，答道：「夫子之道，忠恕而已矣。」所謂「愛人」的方法，其實就是忠恕之道而已。

宋代大儒朱熹謂：「盡己曰忠，推己及人曰恕。」恪盡本分便是「忠」，有推己及人的同理心便是「恕」，愛人最適切的方式莫過於此，這不僅是做人最大的道理，也是為政的道理。

君子在古代原本是貴族的稱呼，不過孔子在本名句中賦予「君子」另一個意義。孔子認為「君子」是百姓歸之的美稱，唯有有地位並且有德之人能受之，這是孔子的進步思想。

春秋時代已有這樣的例子，一個具備崇高地位，卻不能愛護百姓的人，將被百姓逐出國門。這也提醒了貴族，他們的地位不再牢不可破，必須尊重民意，故說「古之為政，愛人為大」，孔子只是把這一點明白指出而已。

歷久彌新說名句

梁惠王，即魏惠王，是魏文侯之孫。魏文侯為戰國初年有名的國君，他重用卜子夏、段干木、吳起、李悝等一流人才，為魏國打下富強基礎，使魏成為戰國初年國力最強的國家。

然而，魏國福祚甚短，魏武侯死後，梁惠王即位，因政策失誤且所用非人，梁惠王一連吃下桂陵之役、馬陵之役兩場敗仗，如梁惠王所自謂：「及寡人之身，東敗於齊，長子死焉；西喪地於秦七百里，南辱於楚。」已到了喪權辱國的地步，為此梁惠王曾廣招天下賢士，與之共議良方。

孟子不遠千里而來，為梁惠王提供「仁」、「義」兩帖救命良方，可惜梁惠王只想復仇雪恥，光復先人大業，卻沒有將孟子之話放在心上，後來孟子評論梁惠王是個不仁之君，是他自己敲響了魏國喪鐘。

孟子謂：「不仁者以其所不愛，及其所愛。」意思是指不仁者把不幸先是加諸在他所不愛的人身上，等到不可避免時，再推到他所愛的人身上。梁惠王為了收復故土，不惜讓他的人民戰死殺場。深怕以此犧牲還不能取勝，又驅使宗室子弟為他的欲望殉身。

子曰：「不能愛人，不能有其身。不能有其身，不能安土。」正好可以為梁惠王注腳，正因他不存仁心，不愛護人民，才使魏國國勢江河日下，不僅無法重返榮耀，更陷國家於危難之中。

敬而不中禮，謂之野

名句的誕生

仲尼燕居[1]，子張、子貢、言游侍[2]，縱言至於禮，子曰：「居[3]，女[4]三人者，吾語女禮，使女以禮周流[5]，無不偏也[6]。」子貢越席而對曰：「敢問何如？」子曰：「敬而不中禮，謂之野[7]；恭而不中禮，謂之給[8]；勇而不中禮，謂之逆[9]。」

～《禮記．仲尼燕居》

完全讀懂名句

1. 燕居：在家休息。
2. 侍：陪侍。
3. 居：「坐」的意思。
4. 女：通「汝」，你的意思。
5. 周流：通達流行，此指對於「禮」有融會貫通的理解，能夠運用自如。
6. 無不偏：「偏」為周全之意，「無不偏」是沒有不周全的地方。
7. 野：鄙陋。
8. 給：巴結。
9. 逆：粗暴不講禮。

語譯：孔子在家休息，子張、子貢、子游三人陪侍孔子左右，在隨性的談話中，他們談到禮。孔子說道：「你們三人好好坐著，聽我講解『禮』的道理，這樣你們才能夠對『禮』有通盤連貫的理解，日後運用起來才不會有失周全。」子貢聽言，起身問孔子：「請問詳細的情形是怎麼樣的呢？」孔子回答：「虔敬卻失了禮節，那就顯得鄙陋；謙恭卻失了禮節，便顯得過於逢迎巴結；勇敢而失了禮節，那就只能說是粗暴。」

名句的故事

當官的人退朝閒居在家之時，便稱為燕居，孔門弟子曾經以「子之燕居，申申如也，夭夭如也」形容孔子燕居時的情貌。「申申」是神態舒緩，「夭夭」是神情愉悅，由此可知，孔子即使在燕居休息之時，仍然氣度雍容，而且樂於與學生論學。

孔子之教育目標在於養成健全人格的君子，除了六藝（禮、樂、射、御、書、數）的技能訓練，孔子更重視學生的道德修養。在孔子眾多弟子當中，只有顏回曾得到孔子的讚許，孔子稱讚顏回好學、不遷怒、不貳過，還能三月之間不違仁。

為什麼顏回能達到如此境界呢？原因在於他確實做到孔子所說的「克己復禮」。孔子希望學生具備多種美德之餘，還能時常檢驗自己的行為舉止是否切合於禮。

除《禮記》提到敬而不中禮，恭而不中禮，勇而不中禮三種「失禮」之行外，《論語》孔子也討論了四種情況，曰：「恭而無禮，則勞；慎而無禮，則葸；勇而無禮，則亂；直而無禮，則絞。」孔子對這一問題的關注，使我們看出「禮」的重要性。

與《禮記》略有不同，《論語》謂「恭而無禮」只會徒增煩勞，事倍功半；「勇而無禮」則容易犯上作亂。至於過度謹慎，則易成為怯懦多懼之人；太過直爽失分寸，便容易出言苛刻，急切責人。

不管是《禮記》所說的「敬」、「恭」、「勇」，還是《論語》提到的「恭」、「慎」、「勇」、「直」都是值得稱許的美德，但若表現得不合乎禮，也會失於一端，唯有符合「禮」，美德的價值才不會有所虧損。

歷久彌新說名句

孔子稱「恭而不中禮」為「給」。孔子曾經對「給」有過相當嚴厲的批判，曰：「給奪慈仁。」其意思是指過份的逢迎順從，反而使慈仁的美意掩而不彰。對此孔子特別向學生叮嚀，希望子張不要「過恭」，子夏不要「不及恭」。

孔子提點完學生之後，又再提到鄭國的子產，他以子產為例，說：「子產猶眾人之母也，能食之，不能教也。」意思是指子產像是人民的母親，能供給人民衣食，但卻不能好好教育他們。

子產為鄭國著名的政治思想家，在其任內，子產改革鄭國田制、稅制，又鑄有一鼎，鼎上具載當時鄭國新制的法律，放置於王宮門口，此鼎便是著名的刑鼎。

雖然孔子對子產有此批評，但基本上還是敬重他。當子產大刀闊斧地進行改革之時，也阻礙某些貴族追求私利，因而傳出子產「不仁」的謠言。

孔子聽聞後搖頭言道：「人謂子產不仁，吾不信也。」孔子雖然肯定子產的作為，但是孔子並不贊同以刑為教。

孔子認為：「齊之以刑，民免而無恥；道之以德，齊之以禮，有恥且格。」以刑法教育人民，人民只求苟免於罪；但若以道德禮儀教育他們，不僅使之知恥，甚至可臻於至善。因此孔子認為，子產並沒有盡到「教」的責任。

使人民只知服從法律的權威，而不知禮，反而使子產原本慈仁的美意變質了，所以孔子才希望學生能以「禮」輔德，符合中庸之道。

君子無理不動，無節不作

名句的誕生

禮也者，理也；樂也者，節也[1]。君子無理不動，無節不作。不能詩，於禮謬[2]；不能樂，於禮素[3]；薄於德，於禮虛。

~《禮記．仲尼燕居》

完全讀懂名句

1.節：原為音樂的拍子，引伸為事物的節度。
2.繆：錯誤。
3.素：原指白色生絹，引伸有樸素無華之意。

語譯：「禮」是人世間最正當普遍的真理，而「樂」則是按照節拍擊出的樂聲。深明此理的君子，不做不合道理、不合節度的事情。不懂得詩，行禮容易犯錯；不懂得音樂，則行禮時過於單調；但若有人素行不良，不管如何行禮都是白費的。

名句的故事

孔子把盛行於當時社會禮樂制度，做一番精要的說明。「禮」是人與人之間相處的分際，西周以封建制度建國，維繫各國諸侯關係的便是各式各樣的禮節，稍有差池，便可能引得兩國兵刃相見，《周禮》中載有「吉、凶、軍、賓、嘉」五禮，內容之廣博深奧，不僅具載國家，也詳細規定了個人一生之中的重要儀節。遺憾的是，今本《周禮》所載五禮僅有存目，未有細節，我們只能從清人秦蕙田所著之《五禮通考》瞭解一二。春秋時代的人仍活在古禮之中，以禮為日常生活之準則，日日行禮如儀。

孔子此處所言，可能不只是抽象的理論描述，更可能是孔子叮嚀君子在行禮時應注意的事項。若果真如此，那麼全文便更容易理解了。君子在行禮時必按儀節行禮，如鄉射禮規定在主人、賓客行射之前，必須先經過相互揖拜，飲酒等儀式，接著才進行重頭戲「射儀」，而登台行射之前，更須「揖讓而升」以顯辭讓，射儀結束，則賓主相酬。根據文獻記載，行射禮時，亦有樂聲相輔，射者必須按音樂行動，不同階段的儀式輔以不同音樂，行禮過程如行雲流水，氣氛和諧融洽。

至此，我們終於可以明白孔子為何說：「行之，其在人乎？」因為制度是死的，唯有深明禮節的人，才能在行禮的過程中，將「禮」的精神彰顯出來。

歷久彌新說名句

春秋時代的貴族們如何賦詩以對呢？我們可以看《左傳》中的記載，襄公八年，晉侯遣大夫范宣子來魯國訪視，順便告知魯國晉國即將伐鄭這一消息。宣子的任務本為結交同盟，故在宴會上毫不客氣地吟唱〈摽有梅〉一詩。此詩原為鼓勵男女婚嫁須及時，但宣子卻用以探問魯國能否及時出兵。

當時宴禮小相為季武子，又怎麼會不明白宣子的用意呢？思及晉國是大國，只能說：「歡以承命，何時之有？」意思魯國高興都來不及了，哪裡還有時間遲疑呢？言罷，又賦〈角弓〉一首，謂魯、晉為兄弟之國，唇齒相依，本當互相幫忙，於是宴會在極和平融洽的氣氛下結束。

若因不懂《詩經》在外交場合上會錯意、說錯話，引起兩國紛爭可就大事不妙，故孔子才說不懂《詩經》，則無法與人應酬唱和，不僅可能破壞宴禮和諧歡樂的氣氛，更可能引起兩國的誤會，因此有志於政事的君子應當勤於學《詩經》。

敖不可長，欲不可從，志不可滿，樂不可極

名句的誕生

毋不敬[1]，儼若思[2]，安定辭[3]。安民哉！敖不可長[4]，欲不可從[5]，志不可滿，樂不可極[6]。

～《禮記．曲禮》

完全讀懂名句

1.毋不敬：指行為態度沒有不敬的，「敬」在此指自我警惕。
2.儼若思：行為態度莊重像若有所思的樣子。
3.安定辭：說出來的話，要語氣安詳而堅定。
4.敖不可長：敖，同傲。驕傲的習性不可滋長。
5.從：放縱。
6.極：超過，過度發展。

語譯：平常隨時警惕提醒自己以「敬」來待人處事，行為態度像是若有所思般的莊重，說出來的話，要語氣安詳而堅定。這樣就容易使人安定而信服。驕傲的習性不可滋長，也不可放縱心裡欲望的發展，對於追求的志向不可太過於自滿，享樂的行為不能過度發展。

名句的故事

這段話出自《禮記．曲禮》的開頭，為何要叫做「曲禮」？人類本來就是動物的一環，與動物有所區別是因為在禮的規範下顯示出人性，而動物餓就吃、累就睡、搏鬥縱欲的獸性是直來直往的，人所規範的禮卻是經過好幾層的思考才動作，相對於直，顯得迂迴曲折，故

名「曲禮」。這些關於「禮」的細節之事，其開端就是在個人身上，大抵是從待人處世說起。

「敬」，就外在面來說，當然是待人處世必恭必敬合乎禮節，以個人修養來說，就是隨時自我警惕，自我反省，是否任何事情都有做到合乎「禮」。人之所以會有驕傲、欲望、自滿等負面心態的表現，是因為身處於大環境裡沒有存「敬」，因此「敬」可以說是整個「禮」的中心主旨。

北宋文人范祖禹說：「經禮三百，曲禮三千，一言以蔽之，曰：毋不敬。」古代經典裡這麼多的禮儀條目，總而言之，就是「毋不敬」，可見古人對於「敬」的慎重，因為一切好的德行修養，都是由此而來。

歷久彌新說名句

在《論語》有這麼一段話：「修己以敬，修己以安人，修己以安百姓。」可見就政治上而言，要做到可以安撫百姓，也是得從自身做起，而最基本的是從修己以「敬」開始，呼應這段名句的開頭「毋不敬」。若把「敬」的引申範圍擴大來看，其實生活中無處不是充滿敬意，中國人傳統的清明祭祖及神明誕辰的祀典，注重的就是敬天法祖，對於未知的天與逝去的先祖，心存敬仰與敬畏，所以才規範禮去祭祀祂們。

《孝經》記載：「滿而不溢，所以長守富也。富貴不離其身，然後能保其社稷。」

西晉時的石崇就是反面最好的例子。石崇官居高位，卻奢靡度日，史籍記載他家裡以蠟燭當柴火來燒，以高貴華麗的彩色布緞設了五十里的屏障，還擁有好幾株高於三尺的珍貴珊瑚。石崇雖然過著極為奢華富麗的生活，但終究樹大招風，最後也因時局混亂，而被仇人斬首。

「富不過三代」是指為富之家容易因為子孫傲慢、縱欲、志滿而使得家道中落，故《尚書》就說過：「滿招損，謙受益」，而這些都是以「敬」來戒慎。

愛而知其惡，憎而知其善

名句的誕生

賢者狎[1]而敬之，畏而愛之。愛而知其惡，憎[2]而知其善。積而能散，安安[3]而能遷[4]。

～《禮記．曲禮》

完全讀懂名句

1. 狎：靠近，親密。
2. 憎：厭惡，討厭。
3. 安安：第一個安為「適應」，第二個安為「安心」。能適應於所處的環境並且感到安心。
4. 能遷：改變環境。

語譯：對於賢能的人，我們要親近並且敬重他，畏懼心服而愛慕他。面對自己喜愛的人，要能夠看出他的缺點，對於自己厭惡的人，則要能夠欣賞他的優點。財富有所積聚，就要能發散給貧困者，雖然能適應所處的環境，並且感到安心，但並不會固守當下，可以隨時接受環境的改變。

名句的故事

想要知「禮」，最簡單快速的方法就是接近懂禮的人，直接從他的所作所為去學習，而要去接近懂禮的賢人，就得先知道怎樣的行為才算是懂禮？這就是本則名句所要闡述的。

「賢者狎而敬之，畏而愛之」表達我們面對一個懂禮的賢者，應該以怎樣的態度去親近他：首先是對其產生敬重之心，然後會被其溫柔敦厚的處事態度所懾服，因而產生畏懼並心悅誠服，最後打從心底的愛慕，這樣就會對其行為產生仿效。

「愛而知其惡，憎而知其善。積而能散，安安而能遷」則是形容這樣的賢者所具備的特質。「情人眼裡出西施」，對於一個喜歡或討厭的人，多數人很難以客觀的態度去評斷，往往是喜而欲生，惡而欲死。至於「積而能散」則頗有達則兼善天下的意味，一般人對於財富的賺取，往往是只怕少不怕多，但求多進少出，但賢者懂得取之於己，用之於眾，對於身外之物能做到不為一己之私，懂得奉獻，這也就引申出最後一項「安安而能遷」。因為面對事物能以客觀的態度去評斷，對於身外之物不執著，所以面對所處環境的改變，可以隨遇而安，不會強求要固守在什麼環境、什麼地位。能做到以上所述，就是值得我們去跟隨並學習效法的賢者。

歷久彌新說名句

《孟子》裡有一句話可以與「積而能散，安安而能遷」相對應：「古之人，得志，澤加於民；不得志，修身見於世。窮則獨善其身；達則兼善天下。」古時候的人，獲得功名利祿，就會施惠給老百姓；若才能被忽略不為所用，則會更精進充實自己。窮阨困頓時就做好自身修養的功夫；發達富貴時則施惠天下。

身而為人，最難的莫過於自省。所以在抑鬱不得志時，多數人會慨嘆英雄無用武之地、懷才不遇，卻不會反之自問為什麼不被重用？然而當有朝一日富貴發達時，也忘了感恩，心想一切成功都是靠自己努力得來，不懂得回饋於大環境，這最主要的原因是什麼？就是不懂得「安安而能遷」。

本則名言的重點在於做到「安安而能遷」，行為準則不隨環境而有所改變，自然對待身邊的人就能不因好惡而有所偏見，這樣就是懂禮。

禮者，自卑而尊人

名句的誕生

夫禮者，自卑而尊人。雖負販[1]者，必有尊也，而況富貴乎？富貴而知好禮，則不驕不淫[2]；貧賤而知好禮，則志不懾[3]。

～《禮記．曲禮》

完全讀懂名句

1.負販：有兩種解釋。一是挑著扁擔做小買賣的人；二是指地位卑下的工人。「販」為「版」字之誤，「版」乃古代築牆用的工具，兩種解釋皆表達社會中地位卑下之人。

2.淫：放蕩、過度。

3.懾：害怕、恐懼。

語譯：禮的精神就是在使自己卑微不高傲，而能夠尊敬別人。就算只是市場裡挑擔子作小買賣，地位卑下的人也有可尊敬之處，何況是富貴之家呢？所以富貴的人若懂得愛好禮，就不會驕傲自大，生活也會有所克制不奢侈浪費；貧賤卑下的人若懂得愛好禮，則其內心就會趨向安定平靜，待人處世不會因懦弱恐懼而畏畏縮縮。

名句的故事

這段名句是用貧賤、富貴的對比來說明「禮」無差別待遇。「鸚鵡能言，不離飛鳥。猩猩能言，不離禽獸。今人而無禮，雖能言，不亦禽獸之心乎？」身而為人，就是因為有禮去規範並抑制人的「獸性」，獸性被抵制了，顯現而出的方是人性，若獸性的外顯大於人性，自稱為人是會被嗤之以鼻的。

弱勢的動物為了求溫飽，常常不得不擺低姿態，搖尾乞憐；而群體中強勢的動物，表現出來的就是王者氣勢，睥睨天下之姿，但這些都是動物的表現方式。人處於卑賤之姿也應當不卑不亢，沉穩以對；處在權勢之位也不能高傲自視，更應該謙沖自牧，虛以待人；富貴之人則避免生活方式流於浪費奢侈，如此一來，以外顯的人性抵制內在的劣根性，才是禮的表現，才是身為人的根本條件。

歷久彌新說名句

在《論語．學而》中，有這樣的記載。子貢問曰：「貧而無諂，富而無驕，何如？」子曰：「可也。未若貧而樂道、富而好禮者也。」孔子所看到的面向，又比《禮記》所載更廣闊。孔子的弟子子貢問說：「貧窮但不逢迎巴結，富貴但不驕傲，這樣的人如何啊？」孔子回答說：「這樣當然可以。但還是比不上貧窮卻能樂在其中，富貴而能懂禮的人。」孔子在歷史上的形象，可以說是最懂禮的人了，在他的想法裡，「貧而樂道、富而好禮」是最值得稱道的，這跟名句「富貴而知好禮，則不驕不淫」道理是一樣的。

孔子在眾多弟子中最喜歡顏回，顏回是弟子中最為貧窮的，但孔子這樣稱讚顏回：「顏回真是賢能啊！每天吃的不過是一碗食物與一瓢的水，住在極為簡陋的地方。要是普通人一定受不了這樣的環境，顏回卻能樂在其中。」

顏回雖然生活環境貧窮簡陋，但其人格表現出來的禮並不自我卑賤，而是抬頭挺胸向孔子問學，所以不只受到孔子的讚揚，也受到後世儒者的敬仰。

臨財毋苟得，臨難毋苟免

名句的誕生

臨[1]財毋[2]苟[3]得，臨難毋苟免。很[4]毋求勝，分毋求多。疑事毋質[5]，直[6]而勿有[7]。

～《禮記．曲禮》

完全讀懂名句

1. 臨：面對、遇到。
2. 毋：不要，通常是用於否定的意思。
3. 苟：隨便、草率。
4. 很：違背、違逆。
5. 質：證明。
6. 直：自己已經知道的事理。
7. 有：據為已有，指炫耀自誇已經知道的事。

語譯：遇到財物不隨便拿取，面對災禍也不隨便逃避。遇到與自己相反不同的意見，不要硬是爭勝，遇到分配物品，不要去求多得。面對有所懷疑的事理，不要隨便去作證明，而面對自己早就熟悉的事理，也不要急著炫耀誇耀自己早就知道。

名句的故事

這一整段描述是接續上一段的名言而來，「愛而知其惡，憎而知其善」說的是判斷一個賢者的標準，而這一段的名言，從賢者方面來說，是賢者外在的行為表現，不過也可以從學習者的方面來說，就是一般人可以從這六種品德行為開始做起。

這六種行為，分別代表人在行為處世上的六項綱目，分別是廉、義、和、平、智、謙。

看到錢財不問來源或是該不該得就隨便拿取，這是「不廉」的行為；遇到磨難覺得自己不堪承受就急著逃走，讓別人去承受，這是「不義」的行為；言語上不肯接受別的觀點，與人爭勝，這是「不和」的行為；分配物品不肯禮讓，只想拿得比別人多，則是「不（公）平」的行為；未經確認的事理冒然以自己的偏見去做證明，則是「不智」的行為；急著炫耀自誇自己知道的事理，就是「不謙」的行為。

從前一句名言到這一句，可以看成是對「曲禮」最基本的論述，也代表一個進程。外在的禮固然有其形式存在，但最真實的禮是發自內心的，由內心的修養表現於外在的行為，故要「滅傲」、「節欲」、「抑志」，見賢思齊，由他人身上學習其優點，瞭解待人處世之道，再從最基本的廉、義、和、平、智、謙做起，慢慢邁向「知禮」的境界。

歷久彌新說名句

唐代安史之亂爆發時，真源縣縣令張巡因原本轄地糧食斷絕，無法繼續守城，遂轉至睢陽城與睢陽太守許遠會合，共同在睢陽抵抗叛軍。

張巡善於用兵之計，於是兩人分工合作，一人帶兵，一人管理城內內政。睢陽的位置恰為叛軍必經之地，其戰況之激烈可想而知，何況當時睢陽城內僅有兵士六千餘名，要對抗的叛軍部隊多達十三萬之眾，怎麼看都覺得睢陽城不可能守得下來。

然而由於張巡與許遠的合作無間，睢陽城多次以寡擊眾，使叛軍無法越雷池一步，但無奈雙方實力差距太大，城內糧食一天天見底，兩人甚至無奈得殺了自己的妻妾，煮她們的肉給士兵吃。

在敵強己弱的情況下，睢陽城內所餘四百多人，無一人投降，而張巡與許遠終究被俘斬首，留下這段令後人歌頌的事蹟，而供奉此兩人的雙忠廟也可見「國士無雙雙國士，忠臣不貳貳忠臣」對聯流傳。

張巡與許遠的死守睢陽城，雖然終究功敗

垂成，但由於睢陽是叛軍的必經之道，若沒有他們兩人及全城軍民長達近一年的頑強抵抗，朝廷絕對無法有足夠的時間重整軍備，最後成功打退叛軍。

危難當前，張巡與許遠非但不逃避，還勇敢面對，不只是他們兩人，整個睢陽城的軍民百姓都足以令後人效法。

人子之禮：冬溫而夏清，昏定而晨省

名句的誕生

凡為人子之禮：冬溫1而夏清2，昏定3而晨省4，在醜夷5不爭。

～《禮記．曲禮》

完全讀懂名句

1.溫：溫暖，在冬天設法讓父母感到溫暖。

2.清：當為「灧」，音ㄐㄧㄥˋ，冷寒之意，指在夏天設法讓父母感到涼爽。

3.昏定：昏即傍晚日落之時，定為鋪床安枕，昏定意指晚上幫父母整理好床鋪與枕頭，讓父母安眠。

4.省：問候。

5.醜夷：醜當為「儔」，音ㄔㄡˊ，同儕、同輩。夷為「平」，醜夷即指平輩。

語譯：為人子女的禮：就是要讓父母在冬天感受到溫暖而避免受寒，夏天避免燥熱而感覺清涼，晚上幫父母把床鋪被子枕頭整理好，讓父母可以一夜好眠，一大早起來就要先向父母問候請安，與同輩間的相處和平相待，沒有口角爭執。

名句的故事

「冬溫而夏清」，是一年之禮；「昏定而晨省」，是一日之禮，簡單來說，這些包含了身為子女，小至一日大至一年應該對家中長輩所行的最基本禮。長輩對晚輩的養育教導之恩是無法計量的，而本則名言所說的禮乃是晚輩最基本的禮。古代社會的家族幾乎都是群居一地，從出生就一直與長輩同住，先是接受長輩的扶養，然後長輩年老，就接受晚輩的奉侍，如此一代傳一代。所以家裡的長輩是每個人一生最常面對的人，而孝敬之禮的內涵，就是要讓長輩過得舒服，不因環境的變化而感到身體不適，床鋪的鋪陳整理雖然不是什麼大事，卻可以看出一個人的用心程度，所以才說是最基本的禮。

而「在醜夷不爭」方面，雖然都是平輩之人，但難免有的人出身富貴，有的出身貧賤，有的好鬥性強，有的溫文儒雅，每個人性格不同，對於事物的看法難免會有分歧爭論，知禮者就會懂得不做沒必要的爭勝，面對不同的觀念，可以虛心接受，不以武力解決紛爭，故能做到「不爭」。

從長輩到平輩，這段佳句點出人格養成時期的重點，這段時間可能對父母有所叛逆，對同儕有所疑慮，若能因禮知所進退，則對上以敬，對同輩以和，就無須擔心會失禮。

歷久彌新說名句

《三字經》描述：「香九齡，能溫席。孝於親，所當執。」說的正是孝子黃香。

東漢時代的黃香，九歲時母親就因病過世，剩下黃香與父親相依為命，失去母親的黃香對父親更是加倍孝順，夏天怕父親太熱，就會在父親睡前先用扇子把床鋪搧涼；冬天怕天氣太冷，父親睡不安穩，於是父親睡前黃香就會先鑽進被窩，用體溫把棉被溫得暖呼呼之後，再讓父親上床睡覺，後來黃香努力苦讀，於漢章帝時當到丞相之職。當時的人有感於黃香的孝心及上進之志，稱其為「天下無雙」。

《孝經》提到：「事親者，居上不驕，為下不亂，在醜不爭。」在上位者不驕傲自大，處下位者不無故作亂，在同輩中不作爭執。人子之禮就是孝順，孝的基本精神就是外在行為順從，內在不讓長輩心生不安，最基本的精神內涵能顧及的話，其他行為自然而然合乎禮，而不會有失當的行為。

長者不及，毋儳言

名句的誕生

長者不及[1]，毋儳言[2]。正爾容，聽必恭。毋勦說[3]，毋雷同[4]。必則古昔[5]，稱先王。

～《禮記．曲禮》

完全讀懂名句

1. 不及：言談中沒有提到的。
2. 儳言：胡扯亂說。儳，音ㄔㄢˋ，不莊重。
3. 勦說：打斷別人的話。勦，音ㄔㄠ，滅絕、斷絕。
4. 雷同：原意是打雷時，萬物似乎同時與雷聲產生響應一樣，此指隨聲附和別人的話。
5. 古昔：指說話要言之有物。

語譯：長輩言談當中沒有提到的，就不要胡扯亂說。表情面容要隨時保持端正，聆聽時要保持恭敬的態度。長輩在說話時不要隨意打斷，也不要隨意去隨聲附和。跟長輩說話時最好是要言之有物，或是盡量用古聖先賢的名言，能引經據典。

名句的故事

這段名句直接點出和長者對談時所應保持的禮儀態度，而且是外在容貌神情與內在學識涵養均有提及。但在之前，《禮記》還提到：「虛坐盡後，食坐盡前。坐必安，執爾顏。」虛空指非飲食時與長輩同坐，就要往後坐，以示謙讓，吃飯的時候要往前坐，因為古代沒有椅子，都是坐在蓆子上，吃東西時盡量往食物靠近，可以避免湯湯水水弄髒蓆子。與長輩同坐時要保持沉穩平靜的神態，並且維持自己恭敬的容貌。

就外在面來說，長者說話時，一定要用尊敬的態度，認真且用心的聆聽，不要隨意打斷或是插嘴，這都是很不禮貌的；但是也不能隨便附和，雖然長者擁有其經驗智慧，可是說的話不一定完全公允，這時後輩就可以適時表示自己的看法。

要表示自己的看法，當然不能空口說白話或是耍嘴皮子胡說亂扯，一定要言之有物，言之有物的先決條件就是要多聞博學，說話適當的引經據典，一方面表示自己勤學不怠，另一方面也算是對長者言談的「禮」。從端坐到言談的態度與內容，都必須時時謹慎，自我警惕。

歷久彌新說名句

其實本則名言也包含許多關於言談方面的修養。

《論語．季氏》有這麼一段話：「侍於君子有三愆，言未及之而言，謂之躁；言及之而不言，謂之隱；未見顏色而言，謂之瞽。」意思是在說明陪在君子身邊有三種行為是錯誤的，不該說話時開口說話，就是躁；該說時卻又不說，就是隱；不會察言觀色而說了不該說的話，是瞽。

可見說話的技巧至少包含兩方面，一是說話時機的掌握，二是說出口的內容。再回到本則名言，「毋雷同」表現上是不要隨便附和，但更深一層的意義是聽者要有判斷是非的能力，該附和時才附和；而說話的內容還要借用「古昔之事」、「先王之語」，除了表示自己的勤學精進，內在知識足夠和長者對談外，引用的同時也要說出典故來源。

現代社會人際關係頻繁，說話技巧更顯重要，最簡單的例子就是面試時，面對主考官時，從一開始表現出來的神情態度，到言談內容是否準備充分，每個方面都是關鍵，故不可不慎。

博聞強識而讓，敦善行而不怠，謂之君子

名句的誕生

博聞強識[1]而讓[2]，敦[3]善行而不怠，謂之君子。

～《禮記．曲禮》

完全讀懂名句

1.強識：很強的記憶力。

2.讓：謙讓。

3.敦：督促，維持。

語譯：博學多聞且記憶力強，又能謙讓卑下，維持善行而不懈怠，這樣就可稱為君子。

名句的故事

這段名句可以從內在學識的修養與外在善行的實踐兩方面來說明，當中的「讓」與「不怠」，實際上是可以互用的，句子也可以改成「博聞強識而不怠，敦善行而不讓」。

博聞強識乃是內在學識精進的不二法門，博聞所以致知，強識所以窮理；而敦善行的意思更是清楚明瞭，當然是一個君子所應當表現出來的外在行為。至於「讓」與「不怠」的實際作用呢？在博聞強識而言，懂得「讓」，就不會急於出頭，能時時醒悟自己內在學習的不足，不冒然爭取表現，由「讓」進而「不怠」，害怕自己所學不足，所以焚膏繼晷激勵自己不斷學習新知，「強識」並不是君子的記憶力天生過人，好的記憶力是由多看、多聽、多學習所培養而來的。而善行的「不讓」，因為就善行來說，孔子曾說：「當仁，不讓於

師。」面對做善事的機會，就算有長輩在，也要爭取親自去實行的機會，這就是善行而不讓。

一樣的文字，換個順序，就在博聞強識與善行兩方面造成不同的結果，這並非是古人所玩的文字遊戲，而是在指導一般人，君子除了博聞與善行之外，其實面對身處的環境，隨時懂得變通。重要的是要有謙虛的心，才能內在懂得退讓，面對善行又敢於爭取去實行。

歷久彌新說名句

正如前面所提，君子的「強識」是由多方面而來的。有一次，孔子問弟子說：「你們以為我是博學然後死記嗎？」弟子回答：「難道不是嗎？」孔子表示：「當然不是，我不過是『一以貫之』罷了」。

這「一以貫之」實際上就是懂得變通，因為學問的獲得並不是只有書本裡才有，舉凡環境周遭的任何事物與待人接物的經驗，都是可以學習的機會與對象。

孔子的好學與好問是有名的，「敏而好學，不恥下問」、「子入太廟，每事問」，孔子除了好學，也不會因為不懂就覺得羞愧，勇於發問，甚至自稱：「吾有知乎哉？無知也。」這麼賢能的孔子，竟然會說自己不過是個無知的人。何況是一般人呢？

《大學》中有言：「苟日新，日日新，又日新」，「日新」意味每天都要有所改變，而這改變是進步的，讓自己煥然一新。「敦善行而不怠」，就是每天都讓自己朝成德之路更進一步。

曾子有云：「吾日三省吾身，為人謀而不忠乎？與朋友交而不信乎？傳不習乎？」所以說，成德之途必須是兩方面並行不悖的，一是外在顯現的品德行為，二是內在的知識學問，成德之途日漸進益，才是邁向君子之路。

君子不盡人之歡，不竭人之忠

名句的誕生

君子不盡人之歡[1]，不竭人之忠[2]，以全交[3]也。

～《禮記．曲禮》

完全讀懂名句

1. 盡人之歡：盡心討別人喜歡。
2. 竭人之忠：盡心去愛戴一個人。
3. 全交：保持完好且永久的交情，不因利益或有目的性的原因而交往。

語譯：君子不需要別人去盡心討他歡心，也不接受別人對他全心的愛戴，這樣才能保持完好的交情。

名句的故事

這段名句是從根本的「內」、「外」兩方面去探討人與人之間交情上的「好」。

「盡人之歡」就是從外在行為去順人家的意，而「竭人之忠」則是打從心裡的順從依附他人，但是就君子而言，這兩種行為，他都不會接受，為何？

當你習慣一個人對你的順從，喜愛他對你的行為，那你對這個人的認識就不會深入，久而久之，對他的心思行為就不會有準確的判斷能力，如果遭遇的是好人那兩者相安無事，但若遇到居心叵測的奸邪之徒，則可能會害自己心術漸漸偏離正軌，進而行為失當，這是無法成為一個君子。

竭人之忠方面，同樣當你接受別人對你的愛戴、吹捧，日子久了習慣這樣的相處模式，難免會被巧言所蒙蔽，這對於修德之業是有所損害的，所以君子要盡力去避免。

總而言之，想要成為君子，務必要做到的就是持續不間斷的「修業以成德」，一是成己之德；一是成人之德。

「成己之德」，時時警惕並精進自己的德行，使每天都有所進步，不讓周遭的人、事有機可趁進行破壞，而維持自身德行的潔淨；另一方面「成人之德」，〈檀弓〉裡提到：「君子之愛人也以德；細人之愛人也以姑息。」君子就在從成就自己德行的行為上，無意間成就別人的德行，因為別人無法盡你之歡、竭你之忠，自然不會有奸邪不正的心思產生，也就不會有不正當的行為；相反的，小人以姑息寬以待人，造成別人有做壞事的機會，就無法成其德。

修身之路不會只是「獨善其身」，所以在成己之德的同時，也會成他人之德，這樣與他人的交往才能維持「全交」的理想境界。

歷久彌新說名句

春秋時，衛國有個人名叫彌子瑕，為衛靈公的男寵。

有一次彌子瑕聽到母親重病的消息，就假用君命駕君王的車回去探視母親，盜駕君王座車是要受砍腳之刑的，可是衛靈公竟沒生氣還稱讚他是個孝順的人。

又有一次，他與衛靈公一起在花園遊覽，彌子瑕順手從桃樹上摘了一顆桃子，吃到剩下一半給衛靈公吃，衛靈公還稱讚他懂得把好東西與人分享。可是好景不常，後來彌子瑕與衛靈公關係漸漸疏遠，彌子瑕因細故得罪了衛靈公，衛靈公很生氣，還翻舊帳說彌子瑕以前不但偷駕他的座車，還把吃剩的桃子給他。

整個過程，其實雙方行為都不正確，兩人都犯了「盡人之歡」之錯。

衛靈公因為對彌子瑕的「歡」而不追究彌子瑕的過錯，這是對他的姑息，而彌子瑕憑藉衛靈公對他的「歡」，恣意妄為，這樣兩人互相「盡其之歡」的結果，就是雙方都無法看清對方是怎樣的人，進而失去自己的德，也摧毀了對方的德。

「君子之交淡如水」不是沒有道理，雙方就是在心態純淨的狀態下，才能維持其「全交」。

選賢與能，講信修睦

100

梁木其壞、哲人其萎，則吾將安放

名句的誕生

孔子蚤作[1]，負手曳杖，消搖[2]於門，歌曰：「泰山其頹[3]乎？梁木其壞[4]乎？哲人其萎[5]乎？」既歌而入，當戶而坐。子貢[6]聞之曰：「泰山其頹，則吾將安仰？梁木其壞、哲人其萎，則吾將安放？夫子殆[7]將病也。」遂趨[8]而入。

～《禮記．檀弓》

完全讀懂名句

1.蚤作：早起。

2.消搖：或作逍遙。

3.泰山其頹：本指泰山將崩壞、倒塌。現在大多指哀悼逝去的德高望重者。

4.梁木其壞：本意是屋樑將損壞；後用來比喻賢哲死亡；或用在男性喪者的輓辭中。

5.哲人其萎：一個眾所仰望，有智慧的賢人即將死亡。

6.子貢：孔子弟子，衛國人，姓端木，名賜，字子貢。

7.殆：大概、恐怕。

8.趨：快步走。

語譯：孔子一早起來，一手背著，一手拖著手杖，閒暇自適地在門外散步，唱著：「泰山將要坍塌了吧！棟樑將要毀壞了吧！哲人將要凋萎了吧！」唱完，就走進屋裡，對著門坐下。子貢聽到孔子所唱，說：「泰山坍塌了，那我還仰望什麼呢？棟梁毀壞，那屋椽等物要安放在哪呢？哲人凋萎了，還有誰是我仿效的榜樣？夫子恐怕要生病了吧！」於是快步走進屋子裡。

名句的故事

子貢進入屋後，孔子對子貢說自己做了一個夢，夢到自己坐在兩根柱子間受人祭奠。

夏朝人死後棺木停放在廳堂東邊的階梯上，周朝人在人死後將棺木停放在廳堂西邊的階梯上，殷商人則在人死後將棺木停放在廳堂兩根柱子之間，孔子認為自己是殷商人的後代，所以希望自己死後能按殷商之禮來辦後事。說完這些話，孔子就臥病在床，七天之後即去世。

在這之前，孔子有一次病得很嚴重，子路派孔門的其他弟子暫時充當孔子的家臣，以幫孔子準備後事。子路會這樣做，是因為孔子之前曾任魯國司寇，所以想要以大夫之禮來為孔子治喪。不過當時孔子已辭官，按禮孔子只能以士的階級之禮來辦理喪事，士階級之人是不能有家臣的。

所以當孔子病情好轉之後，得知子路有此想法與行為，責備子路這樣做是詐欺的作為，騙不了自己，也騙不了別人，難道是想欺騙上天。

最後孔子表示：「自己與其死在家臣的陪伴下，寧可死在學生的陪伴。況且就算不能有大夫階級的盛大喪禮，難道自己就會死在路邊嗎？」由此可見，孔子對禮的一貫原則，即使自己面臨生死之際也毫不苟且，他所追求與看重的是自己與學生之間的真切情感，那是比鋪張、形式又沒有深厚情誼的儀式來得有意義。

歷久彌新說名句

這則故事中，子貢把孔子比作泰山，視為偉大的哲人，認為泰山崩塌了，自己還能仰望何物，哲人隕歿了，自己還有誰可學習效法的，可見其十分推崇孔子。

但當時有人認為子貢賢於孔子，子貢聽說之後，立刻反駁：「拿圍牆來比喻好了，我家的圍牆只到人的肩膀處，因此站在牆外往屋裡看，就可以看到屋內的美好；但是夫子家的圍牆卻有幾丈高，如果找不到門進去，就看不到裡面的雄偉壯觀。然而至今找到大門走進去的人並不多啊，所以才會認為我賢於夫子，這也是很自然的事。但不論他人怎樣批評、毀謗夫子都沒用，因為一般人的賢德才能就好比一座小山丘，還可以超越；夫子的賢德智慧卻有如日月般無法超越。如果有人要自絕於日月，那對日月是毫無損害的，只是顯現出那個人不知自己分量罷了。」

接著子貢又做一比喻，說：「夫子的德業是無人能趕得上的，就好像青天是無法靠階梯而能攀登上去一般。如果夫子有機會治理國家，則人民必能以禮樂立身，奉行道德。他老人家可說是生得光榮，死時可哀、可惜，哪裡有人能趕得上他呢？」由此可知子貢對孔子的瞭解與敬仰之深。

君子之愛人也以德；細人之愛人也以姑息

名句的誕生

曾子[1]曰：「爾之愛我也不如彼。君子之愛人也以德，細人[2]之愛人也以姑息[3]。吾何求哉？吾得正[4]而斃焉，斯已[5]矣。」舉扶[6]而易[7]之。反席未安而沒[8]。

～《禮記．檀弓》

完全讀懂名句

1.曾子：曾參，字子輿，魯國人，比孔子小四十六歲。
2.細人：指見識淺陋，氣量狹小的小人。
3.姑息：苟且偷安的意思。
4.正：合乎禮節。
5.已：可以。
6.舉扶：扶起、抬起。
7.易：換。
8.沒：同「歿」，死去的意思。

語譯：曾子說：「你愛我的心還不如那小孩，一個有才德的君子是以道德來愛人，力求成全他人的美德，小人愛護他人則苟且求安，甚至姑息縱容他人犯錯。我現在還求什麼呢？我只希望能合乎禮節而死就可以了。」大家只好將曾子扶起來，換掉席子，再扶他躺下，只是還來不及讓他躺好，曾子就死了。

名句的故事

這是曾子對兒子曾元所說的一段話。當時曾子病重，弟子樂正子春坐在床下，兒子曾申和曾元則坐在曾子身邊看護照料著，另外還有一僮僕拿著燭火坐在角落。突然，僮僕說：「好漂亮、好光滑啊！那是大夫用的席子吧？」樂正子春喝止他：「別說話！」曾子聽到了，忽然驚醒過來問說：「你說什麼呀？」僮僕又說了一遍：「好漂亮、好光滑啊！那是大夫用的席子吧？」曾子答說：「對，這是季孫（當時魯國權勢最大的大夫，長期執掌魯國國政）所贈送，我現在沒有力氣換掉它。曾元啊，起來幫我換掉席子吧！」曾元對父親說：「您老人家現在病得那麼重，不適合搬動，等到天亮，我們再幫您撤換席子。」

曾子於是說出本則名言，表示曾元愛他的程度比不上一個僮僕，因為曾子的身分不是大夫，使用大夫的席褥是不合禮制的，而一個僮僕指出了曾子不合禮之處，讓他有改過的機會，是「愛人以德」的表現。於是曾子堅持即使死也要合乎禮，因此堅持要立刻換席，最後曾子也在換席過程中，還沒躺穩就病逝了。從這則故事中，可見曾子的性格，連病危時都嚴守禮制，由此可知曾子對謹守禮節的嚴謹態度。

歷久彌新說名句

一般人以為對人好就是遷就、寬容，甚至對他人德行上的過錯視而不見、姑息縱容，但曾子卻認為指出別人德行上的過失，讓人有機會改過，以成全他人的美德才是真正的愛人。或許正因如此，曾子才會在同學子夏犯錯時，不假辭色指正他。

當時原因是子夏因為喪子而哭瞎雙眼，曾子前去慰問時也哭了，當下子夏又跟著悲從中來哭泣，還說：「上天啊！我沒有任何罪過，為什麼讓我碰上這種事呢？」曾子於是生氣地說：「卜商啊，你怎麼會沒有罪過？之前我和你一起事奉夫子，夫子死後你回到西河之地，當地人都把你視為夫子一般，這是你的第一條罪；你的雙親去世時，守喪期間，當地居民也沒聽說你有什麼值得稱頌的孝行，這是你的第二條罪；兒子死了，你卻哀慟到雙目失明，這是你的第三條罪。怎麼還說你沒罪呢？」

聽了這番話，子夏連忙拋開手杖，羞愧而對曾子作揖而說：「我錯了！我錯了！我離開同學、朋友，單獨生活的時間太久了，才會以為自己什麼罪過都沒有啊！」

曾子曾經說過：「君子以文會友，以友輔仁。」意即君子以道德學問結交朋友，同時也靠朋友的道德學問來輔助、成就自己的仁德，這兩則故事都是例證。

生有益於人，死不害於人

名句的誕生

成子高[1]寢疾[2]，慶遺[3]入，請曰：「子之病革[4]矣，如至乎大病[5]，則如之何？」子高曰：「吾聞之也：生有益於人，死不害於人。吾縱生無益於人，吾可以死害於人乎哉？我死，則擇不食之地[6]而葬我焉。」

～《禮記．檀弓》

完全讀懂名句

1.成子高：即國子高，是齊國大夫，子高為其字，成是他的謚號。

2.寢疾：重病在床。

3.慶遺：齊國大夫慶封的族人。遺，音ㄨㄟˋ。

4.革：危急。革，音ㄐㄧˊ。

5.大病：死亡。古人忌諱說死，故稱大病。

6.不食之地：指不能耕作，沒有價值的土地。

語譯：成子高臥病在床，慶遺進到寢室請示說：「您的病情危急，如果到最嚴重地步時，後事該如何處理呢？」子高說：「我聽說：活著的時候要有益於人，死後也不要害人。我縱然在活著的時候對人沒什麼益處，難道要在死後有害於人嗎？我死後，就選塊不能耕作的土地把我葬了吧！」

名句的故事

《禮記．檀弓》是記錄關於喪禮之事，而「檀弓」是魯國人，姓檀名弓，出現於此篇開端「公儀仲子之喪，檀公免焉」（指魯國貴族公儀仲子家辦喪事，檀公不作一般弔客的打扮而著「免」前去），故以其名為篇名。

此則故事是記錄齊國大夫成子高在重病之際，交代後事時所說的一段話。

他認為人應該「死不害於人」，所以請慶遺在他死後選一塊不能耕作的土地將他埋葬就可以了。這一方面和他的仁德思想有關，也和他主張節儉、薄葬的觀念有關。

同樣在《禮記．檀弓》，成子高還說：「葬也者，藏也。藏也者，欲人之弗得見也。是故衣足以飾身，棺周於衣，敦周於棺，土周於敦；反壤樹之哉。」意思是表示埋葬的目的在隱藏，而隱藏的目的在讓人看不見。是故人死時所穿的衣物只要足以遮蔽身體，棺材足以包裹衣物，外槨（音ㄍㄨㄛˇ，棺材外的套棺）足以容納內棺，墓土足以埋住外椁就可以了，連在墓地上築墳植樹都不需要。

他這樣的想法或許和現在的環保觀念以及生死學教育中的「厚養薄葬」相合，實在是十分先進的觀念。

歷久彌新說名句

成子高謙虛表示自己在世時無益於人，至少在死後要無害於人。

其實人死後，已不能有任何作為，但成子高仍積極、盡心為他人設想，要選一塊無用之地作為自己的墓地。

孟子在《孟子．盡心》也提到：「人能充無欲害人之心，而仁不可勝用也。」意思是一個人如果能夠把不想害人的心理擴展開來，那麼他的仁心就使用不盡了。可見成子高是一個具有仁德之心的人。

東晉，庾亮也是這樣的人。庾亮有一匹的盧馬，傳說這是一種不祥之馬，誰坐上牠，誰就會倒楣而死，因此有人建議庾亮趕緊賣了牠。

庾亮說：「我賣馬，則必定有人會買馬，那豈不是害了買馬的人嗎？怎麼可以將自己的不安轉移到他人身上呢？」又說：「春秋時，楚人孫叔敖在小時候看到雙頭蛇，也因傳說看到雙頭蛇的人必死，他擔心還有人會遭殃，於是立即打死雙頭蛇埋葬。孫叔敖的義行從此傳為美談，現今仿效他，不也是成就一樁好事。」

這都是有仁愛之心，又能替人著想的成子高、孫叔敖和庾亮可以千古留名的原因。

喪欲速貧，死欲速朽

名句的誕生

有子[1]問於曾子曰：「問喪[2]於夫子乎？」曰：「聞之矣：喪欲速貧，死欲速朽。」有子曰：「是[3]非君子之言也。」曾子曰：「參也聞諸夫子也。」有子又曰：「是非君子之言也。」曾子曰：「參也與子游[4]聞之。」有子曰：「然，然則夫子有為言之也。」

～《禮記．檀弓》

完全讀懂名句

1.有子：姓有，名若，字子有，孔子的學生，魯國人。

2.喪：失去官位。

3.是：此、這。

4.子游：姓言，名偃，字子游，孔子的學生，吳國人。

語譯：有子問曾子說：「你曾聽夫子談起失去官位的人應該如何自處嗎？」曾子說：「聽說過。他說失去官位的人要趕快讓自己變得貧窮，死了則最好趕快腐朽。」有子說：「這不像是心存仁厚之心的君子會說的話。」曾子說：「這是我從夫子那裡聽到的。」有子還是說：「這不像是君子會說的話。」曾子說：「這句話我和子游都有聽到。」有子說：「是這樣啊！不過夫子會這樣說，必定是有原因，針對某件特定事情而說的。」

名句的故事

曾子將有子的懷疑轉述給子游，子游說：「有子真不簡單，說話的語氣真像夫子。從前夫子在宋國，看到桓司馬（向魋為春秋時代宋國大夫，向戌的孫子。）請人打造自己死後要使用的外棺石槨，花了三年工夫都沒有完成，可見工巧講究，因此夫子才會說：『若是其靡也，死不如速朽之愈也（一個人死了，還要這麼奢侈浪費，還不如讓他死後快點腐朽）。』『死之欲速朽』是針對桓司馬說的。南宮敬叔（春秋時，魯國大夫，孟僖子的兒子仲孫閱）在失去官位後，每次回魯國朝堂，必定載著許多財寶去活動疏通，希望藉此恢復官位。夫子對此說：『若是其貨也，喪不如速貧之愈也（像他這樣不正當的使用財寶，失去官位後，還不如快速貧窮會好些）。』『喪之欲速貧』是針對南宮敬叔而說的。」

後來曾子又將子游的話告訴有子，有子就說：「這樣就對了，我聽到你說的話時，就認為夫子那樣說，不會是一概而論的。」有子之所以會這樣想，他解釋說：「以前夫子在中都任官時曾規定：內棺要四寸厚，外槨要五寸厚。就憑這一點可見他並不認為人死後要趕快腐朽；當年夫子失去魯國司寇這個官職後，他要去楚國，就派子夏先去聯繫，緊接著又派冉有去做進一步觀察，憑夫子這樣的態度，也可見他並不認為失去官位就要趕快貧窮。」

歷久彌新說名句

孔子曾說：「始吾於人也，聽其言而信其行；今吾于人也，聽其言而觀其行。於予與改是。」意思是指以前我對任何人，只要聽他說的話，就相信他的行為；現在我對人，聽他說的話外，還要觀察他的行為。這是因為宰予（孔子的學生，姓宰，名予，字子我）的緣故，使我改變對人的態度。

孔子何以會因為宰予而改變對人的態度呢？因為宰予晝寢，宰予在大白天卻昏惰睡覺。照古代人的禮節而言，君子於白天是不能待在臥室裡，更不能睡覺，除非是生病或探病。所以孔子才會說：「朽木不可雕也，糞土之牆不可杇也，於予與何誅？」認為一個怠惰的人就像腐爛的木頭，是不能雕刻的；也像用穢土砌成的牆，粉刷了也沒用。對於宰予這種人，又何必再去責備他呢？從此孔子對人，既要聽其言，也要觀其行。

暫且不論宰予晝寢之事，就曾子和有子的對話來看，有子所以能這麼篤定孔子說：「喪欲速貧，死欲速朽。」必定是有特別的原因，針對某件特定事情而說的，絕不是一概而論的談話，這又何嘗不是「聽其言而觀其行」所做的判斷！

喪人無寶，仁親以為寶

名句的誕生

晉獻公[1]之喪，秦穆公[2]使人弔[3]公子重耳[4]，且曰：「寡人[5]聞之：亡國恒於斯，得國恒於斯。雖吾子[6]儼然[7]在憂服之中，喪亦不可久也，時亦不可失也。孺子其圖之。」以告舅犯[8]，舅犯曰：「孺子其辭焉；喪人無寶，仁親以為寶。父死之謂何？又因以為利，而天下其孰能說之？孺子其辭焉。」

～《禮記．檀弓》

完全讀懂名句

1. 晉獻公：春秋時晉國國君，姓姬，名詭諸。
2. 秦穆公：春秋時秦國國君，姓嬴，名任好，春秋五霸之一。
3. 弔：到喪家慰問、祭奠。同「吊」。
4. 公子重耳：晉獻公之子，為妾狐氏所生，因遭驪姬陷害，在外流亡十九年。後在秦國協助下，返國即君位，就是著名的春秋五霸之一晉文公。
5. 寡人：古代君王自稱。此為使臣代國君講話。
6. 吾子：指公子重耳。
7. 儼然：專心莊嚴肅穆的樣子。
8. 舅犯：姓狐，名偃，字子犯，為重耳的舅舅，故亦稱為「舅犯」。

語譯：晉獻公去世了，秦穆公派遣使者到狄弔問逃亡中的晉國公子重耳，並且轉達秦穆公的話說：「寡人聽說，這種時機常使人失去君位，但也是獲得君位的好機會。雖然您正肅穆地處在憂傷服喪期間，但居喪流亡不宜太久，也不要失去謀取君位的時機。請您好好考慮一下！」重耳把這些話告訴舅犯。舅犯說道：「你還是辭謝秦穆公的好意吧！流亡在外的人沒有什麼可寶貴的事物，只有愛慕自己親長的人最可貴了。父親去世是何等的凶禍大事啊？怎麼反而利用這種機會來圖利？到時天下有誰能為你辯解？你還是拒絕了吧！」

名句的故事

晉獻公在位後期寵愛驪姬，驪姬希望親生子奚齊能為儲君，以取代世子申生，故常離間晉獻公與申生父子間的情感，甚至波及其他諸公子，最後逼得世子申生自縊，公子重耳則從蒲地逃奔到狄國，當時跟隨他的還有晉國賢士趙衰、狐偃、咎犯、賈佗、先軫等人，之後他們又從狄國到衛國，最後更逃到齊國。另一位公子夷吾則逃亡到梁國。

數年後，公子重耳在狄國聽聞晉獻公去世的消息，當時晉國國內對於繼承君位有兩派看法：一派是聽命於晉獻公和驪姬，支持立奚齊為新君；另一派則認為要立嫡，要君后之子繼承君位才合常理，驪姬是妾，她所生的兒子奚齊是庶出，沒有繼承權，所以想迎回嫡出且較年長又賢能的公子重耳。於是在晉國主張立嫡的大臣殺了驪姬和奚齊之後，派人到狄國去奉迎公子重耳回國時，公子重耳的舅舅狐偃認為晉國新喪，國內大亂未定，此時繼承君位，恐有貪國的惡名，所以勸公子重耳不必急著回晉國。同樣在面對秦穆公時，也告誡公子重耳不可因父喪而有得國、得君位的圖謀想法，這豈不就是孔子所說：「非禮勿視、非禮勿聽、非禮勿言、非禮勿動」（不合於禮的不去看、聽、說、做）嗎？

歷久彌新說名句

公子重耳聽從舅犯的建議，所以對秦穆公派來的使者公子縶說：「貴國國君太仁惠了，還來慰問我這出亡的臣子。我流亡在外卻遭逢父喪，很遺憾無法到靈前哭泣致哀，因而使貴國國君為我操心擔憂。父親死了，這是何等大禍？我怎麼敢有別的念頭，來玷辱貴國國君對我的厚義呢？」說完後叩頭不拜，哭著站起來後，便不再和使者說話。

而《國語．晉語》記載，公子縶之後又到梁國弔問了公子夷吾，同時也勸夷吾回晉國繼承君位要把握時機。夷吾將公子縶所說的話請教跟隨自己的晉國大夫郤芮。郤芮立即要夷吾表示願意割地以回報秦國的厚意。於是夷吾馬上出來會見公子縶，叩頭感謝他的慰問，但夷吾起身之後，一點也不哀傷，沒有因父喪而哭。行禮完畢後又私下去找公子縶，還送了不少黃金珠寶給公子縶。

公子縶回秦國復命，將與兩位公子見面時的所有情況，詳細報告秦穆公。秦穆公聽後，稱讚公子重耳，說他是一位賢公子，是講仁義的人，認為他哭是因為愛父親，但不和使者私下交談，可見他不貪戀君位，與人交往也不會私相授受，或賄賂他人卻損害國家利益。

事親有隱而無犯，事君有犯而無隱

名句的誕生

事親有隱[1]而無犯[2]，左右就養無方[3]，服勤至死，致[4]喪三年。事君有犯而無隱，左右就養有方，服勤至死，方[5]喪三年。

～《禮記．檀弓》

完全讀懂名句

1. 隱：隱諱、不宣揚其過失。
2. 犯：當面冒犯，直接勸諫。
3. 無方：侍奉父母，或在左，或在右，位置沒有限制。
4. 致：極之意，指極其哀戚。
5. 方：比方，即把國君比作父親來看待。

語譯：侍奉父母，父母如有過失，要體諒，和顏勸說，不可當面指責頂撞。伺奉父母，或在左，或在右，沒有偏限位置，事事躬親，勤懇地服事，至父母去世，依禮盡哀，為他們守喪三年。服事國君，國君如有過錯，可以犯顏直諫，不可隱諱國君的過失不說。在其身邊伺候，或在左，或在右，則有一定專職位置，竭心盡力到國君去世，比照父親去世，為他守喪三年。

名句的故事

孔子曾說：「事父母幾諫，見志不從，有敬不違，勞而無怨。」意思是指子女侍奉父母，要勸諫父母時，一定要和顏悅色，言語委婉。如果自己的心意和所說的話不被父母接受，仍要保持恭敬，不要違抗他們。雖然內心為此擔憂，也不對父母有任何怨言。

像孔門弟子閔子騫，母親去世，父親再娶，因而家中又添了兩個弟弟。

有一天，天氣很寒冷，閔子騫為父親駕車，卻連韁繩都握不穩，他的父親摸摸他的手，發現他手腳冰冷，看他身上穿得單薄，於是掉頭回家，將另兩個兒子叫來，發現他們身上穿著厚暖的冬衣，氣得決定休妻，並說：「我會再娶，是為了我的兒子，現在他竟然受到如此不公平的對待，我還能要這個妻子嗎？」可是閔子騫馬上出面阻止父親說：「母在一子單，母去三子寒。」意指繼母在時，只有自己一個人穿著單薄衣裳，但是繼母離開後，父親的三個兒子都要受凍了。

在閔子騫的求情下，後母才得以留下來。難怪孔子會說：「孝哉閔子騫！」閔子騫確實是「事親有隱而無犯」的最佳典範。

歷久彌新說名句

魯哀公曾經三次問孔子說：「臣子服從君王的命令，是忠貞的表現嗎？」孔子都沒回答，但孔子以此反問子貢，子貢認為對，沒什麼可多說的，孔子才對子貢說：「審其所以從之之謂貞也。」要能審度衡量所服從的命令對不對，才能稱得上忠貞。

所以這裡說「事君有犯而無隱」，而《論語・憲問》子路問孔子事君之法，孔子答說：「勿欺也，而犯之。」意謂事奉國君應當盡忠，不欺瞞君上，君上如果有過錯，可以犯顏而直接勸諫。

謀人之軍師，敗則死之；謀人之邦邑，危則亡之

名句的誕生

君子曰：「謀[1]人之軍師[2]，敗則死之；謀人之邦邑[3]，危則亡之[4]。」

～《禮記．檀弓》

完全讀懂名句

1.謀：掌管、指揮。

2.軍師：古代一萬二千五百人為軍，二千五百人為師；此泛指軍隊。

3.邦邑：邦國都邑。

4.亡之：此指離開國家，自我放逐、流亡。

語譯：君子說：「指揮軍隊作戰，如果打了敗仗，指揮官因戰敗喪師辱國，要以身殉職；治理邦國都城，如果讓社會危亂、動蕩不安，就要自我放逐。」

名句的故事

這裡的「死之」、「亡之」，不論是以身殉職，或是流亡國外，都是為了表示負責。以春秋時的晉、楚城濮之戰為例：晉文公即位後，勵精圖治，於是國力漸強，在此情況下，宋國背楚投晉，因而遭受楚軍的進攻，宋國只好向晉國求救，晉文公用先軫之計——攻打臣服楚國的曹、衛小國，引楚軍北上以救宋。可是當晉軍破曹勝衛時，楚軍並未來救曹、衛，而宋之圍也沒解除，逼得晉軍只好南下與楚軍正面交鋒。同時晉文公又用先軫之計——讓宋國送厚禮賄賂齊、秦兩國，促使齊、秦、晉、宋結成聯盟，使楚國陷入孤立地位。

先軫的策略成功後，楚成王決定退兵自保，但楚國將領成得臣卻拒絕撤軍，他對晉國提出要求說：「請恢復衛、曹兩國，我們楚軍就會解宋之圍。」先軫認為不答應成得臣的要求，宋、衛、曹三國都會對晉國不滿，但是答應了，三國只會感激楚國的恩德。結果晉國扣留了楚國來使，並要衛、曹兩國斷絕和楚的關係方可復國，以此激怒成得臣，讓他從宋國撤軍，改進攻晉國。

最後晉、楚兩軍在城濮（位在衛國國境內）交戰，雖然晉軍人數少於楚軍，但他們知悉楚軍的弱點，用計得當，致使楚軍吃了敗仗，而成得臣因無法向國人交代，便「敗則死之」。

歷久彌新說名句

城濮之戰之後約四十年，又有一次晉、楚之戰。這次因為是楚莊王親自領軍攻打鄭國，於是晉景公任荀林父為中軍元帥，率軍去救鄭國。當晉軍到了黃河邊，有消息傳來說鄭、楚已講和，楚莊王答應退兵，於是荀林父主張班師回朝，雖有部分將領支持，但如先穀（音ㄏㄨˋ）等人卻持反對意見，硬是帶領部分軍隊先渡過黃河。逼得荀林父只得帶著軍隊渡河去支援先穀的部隊。

渡河後，荀林父又識人不清讓魏錡、趙旃皆出使向楚軍求和，豈料他二人卻是去向楚軍挑釁，致使楚國令尹（楚國官名，相當於宰相之職）孫叔敖下令進攻晉軍，以先發制人。荀林父在毫無防備下，只有下令退兵，並說：「先渡過黃河者有賞！」使得眾士兵爭先恐後的搶著上船，其中落河的則不計其數。

晉師狼狽回朝之後，荀林父因指揮作戰不力請死，晉景公本想答應他，但有大臣力勸荀林父不必「敗則死之」，因為楚已大勝，他再死，豈不是讓楚國更稱心如意？晉景公於是讓他官復原位。此後他記取教訓，率軍都能貫徹統帥軍權，指揮行動明確一致，故能出色完成任務。

進人若將加諸膝，退人若將隊諸淵

名句的誕生

穆公[1]問於子思[2]曰：「為舊君反服[3]，古與？」子思曰：「古之君子，進人以禮，退人以禮，故有舊君反服之禮也；今之君子，進人若將加諸膝[4]，退人若將隊諸淵[5]，毋為戎首[6]，不亦善乎！又何反服之禮之有。」

～《禮記．檀弓》

完全讀懂名句

1.穆公：春秋時魯國國君，姓姬，名衍，哀公之曾孫。

2.子思：孔伋，字子思，孔子之孫。曾授業於曾子。

3.舊君反服：退休或因故被罷官、被放逐之臣子為之前所事的國君服喪。

4.加諸膝：將人抱到膝上，表示對人的喜愛、看重。

5.隊諸淵：將人推下深淵，意指對人的厭惡。隊，同墜。

6.戎首：引起戰事的主謀者或挑起爭端的人。

語譯：魯穆公問子思說：「大夫因故罷官，離開故國，之後聽說自己曾效命的國君去世了，為舊君服喪，是古禮嗎？」子思說：「古代國君，按禮行事去任用或辭退臣子，讓人心悅誠服，因此才有故臣為舊君服喪的禮節。現在的國君，需要人才時，愛重他到好像要把他抱到膝上似的；不需要時，罷退人時，又厭惡到好像要將他推下深淵似的。被罷退的臣子能不鼓動別國帶領軍隊來攻打故國已經很難得了，哪裡還有故臣為舊君服喪的禮節呢？」

名句的故事

這則故事說的是君臣之間的關係，君臣之間最理想的對待方式，就是孔子所說的：「君使臣以禮，臣事君以忠。」國君以禮對待臣子，臣子以忠事奉國君。

如果「君視臣如土芥，則臣視君如寇讎。」意思是說君主不尊重臣下，將臣子視為如泥土、草芥般，那麼臣子就會將君主當作仇人來對待。

晉朝時，劉淮曾任河內太守，向雄是他的部屬。某次因一件公事沒處理好，雖與向雄無關，但劉淮仍打了向雄一頓板子，還將他革職。之後兩人都在朝為官，彼此見了面互不交談。晉武帝司馬炎知道後，命令向雄去見劉淮，希望藉此回復他們之前上司和部屬間的和睦關係。向雄勉強去見劉淮，卻明白對劉淮說：「我只是奉帝命前來，但我們之間的君臣之義早已斷絕，實在不必再有瓜葛。」

當晉武帝聽說兩人仍然不和，生氣地責問向雄，向雄就引子思這段話，並對武帝說：「我對劉淮，沒把他當作敵人，沒有故意挑起事端就已經很萬幸了，怎麼可能和他恢復舊有的上下友好關係呢？」晉武帝聽了向雄的話，只好作罷。

歷久彌新說名句

「加膝墜淵」這個成語就是從「進人若將加諸膝，退人若將隊諸淵」而來，意指一個人的愛惡無常。

這也同於孔子所說：「愛之欲其生，惡之欲其死。」喜歡一個人的時候，就希望他好好的活著；厭惡人的時候，則恨不得他速速死去。兩者都是一種比喻的說法。就好像初始時，岳飛平定了閩、粵一帶的匪寇，受到宋高宗的召見，宋高宗並且親手寫下「精忠岳飛」四字，還製成旗子，賜給岳飛。之後岳飛帶兵遣將，高宗即曾下詔對眾兵諸將說：「聽飛號令，如朕親行。」表示聽從岳飛的號令，就好像是聽從我高宗所下之軍令。高宗甚至表示朝廷有了岳飛這等大將，他可以高枕無憂了，因此將中興復國的大計，完全交給岳飛來處理。從這些跡象來看，當時高宗對岳飛的信賴與禮遇已是眾所周知了。

只是才沒幾年，就因為秦檜的讒言，高宗即以十三道金牌，硬是從前線將岳飛召回，並且以莫須有的罪名讓岳飛入獄，將他處死。這不就是「進人若將加諸膝，退人若將隊諸淵」、「愛之欲其生，惡之欲其死」的最佳例證。

國無道，君子恥盈禮焉

名句的誕生

曾子曰：「國無道，君子恥盈禮焉。國奢，則示之以儉；國儉，則示之以禮。」

～《禮記．檀弓》

完全讀懂名句

語譯：曾子說：「事情要靈活看待，如果國君無道，治國無方，又驕奢放肆，作為明禮的上位主政君子就不必將禮數置辦得豐盛完備。國家風氣奢侈，就要向人們顯示必要的節儉；國人太簡樸時，才要向人們教示正規的禮儀，處處盡禮。」

名句的故事

孔子的學生有若聽說曾子認為晏子知禮，故意舉一些晏子不知禮的事例做反證，表達其認為晏子不知禮。

首先有若認為狐裘貴在輕且新，晏子卻一件狐裘穿了三十年，這是過分節儉，不叫知禮；又如晏子的父親晏桓子是齊國大夫，所以他的喪禮應遣車五乘，但晏子卻只用一乘，是儉而失禮。而父親棺木入葬後，晏子應該贈禮給參加葬禮的親友，晏子卻下葬完就立刻回家，沒有拜送賓客，還是儉而失禮。

既然如此，何以曾子要說晏子知禮呢？一方面是因為曾子是就有無恭敬之心而論，而有若則是就禮的外在儀式是否完備而論，兩人看事情的角度不同。另一方面，晏子是故意以儉而失禮的作為來矯正齊國當時的奢侈之風。

當時齊景公奢華浪費，晏子以自身的節儉來勸諫並影響齊景公。

有一次晏子正在吃飯，梁丘據恰好來訪，看到晏子吃得很簡單，菜餚中沒有什麼肉，就把這種狀況告訴齊景公。

第二天，齊景公便贈送給晏子一塊封地，但晏子堅持不接受，還對齊景公說：「臣不曾聽說有富貴而不驕奢的人，臣能身處貧窮但沒有任何埋怨，是因臣將貧窮當作老師，現在拿封地來換臣的老師，是看重封地，輕賤老師，所以臣不能接受。」由此可知，晏子是有意過著這樣儉樸的生活。

歷久彌新說名句

晏子以力行節儉而為齊國人所看重。但他是節儉而不是吝嗇。

晉國大夫叔向曾問晏子兩者的差異，晏子回答說衡量自己財富多寡來用度，經濟寬裕但不需要累積很多財富，經濟不寬裕者也不要跟人借貸，造成負債，這樣就是節儉；至於累積了很多財富卻只是獨厚己身，不懂得幫助他人、造福社會，或是連自己都照顧不好，成為社會的負擔，這樣就叫吝嗇。

身為一個君子，自然懂得節儉的道理，而小氣、吝嗇，那是小人才有的作為。

孔子說：「禮，與其奢也，寧儉；喪，與其易也，寧戚。」認為就一般禮儀而言，與其奢侈鋪張，寧可樸素節儉；就喪禮來說，與其只有周到的儀式，寧可態度誠懇哀戚。如果只講究禮儀形式上的繁文縟節，不如著重在禮的實質意義和精神上，才不會捨本逐末。

《禮記．檀弓》也記載子路說：「吾聞諸夫子：喪禮，與其哀不足而禮有餘，不如禮不足而哀有餘也。」由此可見曾子強調晏子的知禮是正確無誤的。

斯子也，必多曠於禮矣

語譯：文伯去世時，他的母親敬姜憑靠在他的床邊，一時沒哭，說：「以前這孩子活著的時候，我以為他會成為一個有才德又賢能的人，所以我一直沒到過他辦公的地方，去觀察他的言行。現在他死了，不見他的朋友和眾臣落淚，倒是他的妻妾們痛哭失聲。看來這個孩子對於禮，一定有很多荒廢缺失之處吧！」

名句的故事

此則故事的前一則記錄：「穆伯之喪，敬姜晝哭；文伯之喪，晝夜哭。孔子曰：『知禮矣。』」另外在《國語．魯語下》則說：「公父文伯之母朝哭穆伯，而暮哭文伯。仲尼聞之曰：『季氏之婦可謂知禮矣。愛而無私，上下有章。』」《孔子家語》也有類似的記載。

名句的誕生

文伯[1]之喪，敬姜[2]據[3]其床而不哭，曰：「昔者吾有斯子也，吾以將為賢人也，吾未嘗以就公室[4]；今及其死也，朋友諸臣未有出涕者，而內人皆行哭失聲。斯子也，必多曠於禮矣夫。」

～《禮記．檀弓》

完全讀懂名句

1. 文伯：即魯國大夫公甫歜（音ㄔㄨˋ），一寫作公父歜。
2. 敬姜：文伯的母親。
3. 據：倚靠。
4. 公室：辦公的處所。

穆伯為魯大夫公甫靖，是季悼子的兒子，敬姜的丈夫，文伯之父，因此孔子稱敬姜為季氏之婦。按照儒家的喪禮儀式規定：下葬後十四天行卒哭禮，卒哭禮後僅早晚哭，其他時候不哭。而卒哭禮前，只要一哀傷就可以哭，可以哭無定時，所以晝哭、暮哭、晝夜哭，但卒哭禮後僅可以早晚哭，不再像卒哭禮前的哭無時。因此孔子說敬姜知禮，因她哀悼丈夫和兒子卻仍守禮的規章。

這裡說敬姜不哭，應是指她白日不哭，並且交代她不哭的原因。《韓詩外傳．卷一》也說在文伯死時，敬姜沒哭，是因為她讓兒子去侍奉孔子，但當孔子要離開魯國時，文伯送行沒送到城郊，贈禮也不送家中的珍寶；再加上他生病時，沒有士人來探望，死時身邊只有家眷、妻妾，卻沒有士人為他流淚，可見文伯只寵婦人，對士人的禮數則多有不周到之處，所以敬姜不哭，明白無私的指出兒子的缺失。

歷久彌新說名句

敬姜教子嚴格，也很注重文伯的教育，要求他要慎擇嚴師賢友。一日，文伯退朝回家，看望母親時，見到敬姜正在織布，於是說：「我身為魯國大臣，又是貴族，母親還要親自織布，傳出去，別人恐怕會怪我沒有好好侍奉母親。」敬姜嚴肅回答：「我們魯國要亡了吧，竟然讓你這不懂得為官之理的人在朝中任職。人勞動才會去思考，辛勞之人則易萌發善心；安逸易放縱，進而忘記善念，生出惡心。過往的歷史不都是如此嗎？先王訓示說：『在上位的君子操勞心力，一般百姓勞動體力，不可懈怠，貪圖安逸，以廢棄先人的功業。』你卻問：『為什麼不讓自己過得安逸？』依你這樣的想法在朝為官，我真擔心穆伯要絕後，我們家的祭祀即將中斷啊！」

孔子聽聞此事，對弟子說：「你們要牢牢記住敬姜這番訓子之語，她真是不貪圖安逸之人。」劉向《列女傳》也將敬姜這些事蹟記錄在母儀篇，以示她為人母的典範。

啜菽飲水盡其歡，斯之謂孝

名句的誕生

子路[1]曰：「傷哉貧也！生無以為養，死無以為禮也。」孔子曰：「啜菽飲水[2]盡其歡，斯之謂孝；斂首足形[3]，還葬[4]而無槨[5]，稱[6]其財，斯之謂禮。」

～《禮記．檀弓》

完全讀懂名句

1. 子路：春秋時魯國人，姓仲，名由，字子路，一字季路，孔子的學生。
2. 啜菽飲水：餓了吃豆粥，渴了喝清水，指生活清苦。
3. 斂首足形：入斂時，頭首四肢都能為衣物所遮蓋，形體不露出。
4. 還葬：隨即、立刻下葬。還，音ㄒㄩㄢˊ。
5. 槨：棺材外面的套棺。
6. 稱：相當、符合。

語譯：子路說：「貧窮真是可悲啊！父母在世無法好好奉養他們，父母去世也不能辦好隆重的喪禮。」孔子說：「儘管是吃豆粥，喝清水，只要能使雙親開心，精神得到滿足，這樣就是孝；父母去世，只要遺體有衣衾足以遮蓋頭腳四肢，入殮後就埋葬，即使連棺木的外槨都沒有，但是和自己的財力相稱，這樣就符合禮了。」

名句的故事

大家都熟知的子路是個性耿直，見義勇為的人，在孔門中以政事著稱。同時他也是一位孝子。他曾對孔子說：「負重涉遠，不擇地而休；家貧親老，不擇祿而仕。」意思是背負重擔，長途奔走的人，不會計較地點好壞，能休息就好。家中貧窮，但有老邁的雙親要奉養的人，不會計較薪水俸祿的高低，有官職就好。子路會這樣說，是因為他在父母在世時，家境不好，自己經常只能吃野菜，但他會遠赴百里之外，背米回來奉養雙親。可見子路瞭解孔子所說的「菽水承歡」的道理。

子路是在父母過世後，才離開家鄉，到南方楚國為官。因俸祿很好，所儲積的米糧有萬鍾之多，不過他想再背米回去侍奉父母的機會卻沒有了。因此子路才會有「傷哉貧也」的感慨，難過自己在有所成就時，父母已不健在，不能再對他們盡孝。子路對父母的追思，贏得孔子對他的讚揚，說：「由也事親，可謂生事盡力，死事盡思者也。」認為他侍奉父母，可以說是生時竭心盡力，死後仍不斷思念。

歷久彌新說名句

一日，孔子乘車在外，突然聽到悲哀的哭聲傳來，孔子讓弟子加快車速探尋並說：「前面有賢人。」趕到一看，原來是皋魚穿著粗布短衣，拿著鐮刀，在路旁哭泣。孔子下車問他：「您家中有喪事吧？何以哭得這麼哀傷？」皋魚說：「我有三個過錯：年少時出外學習，周遊列國，把父母拋之腦後不顧，這是我第一錯；又把自己的志向定得很高，以致隔絕了事君的機會，這是我第二錯；和交情深厚的朋友因小事而斷絕來往，這是我第三錯。樹欲靜而風不止，子欲養而親不待。我的雙親已去世，永遠無法再見。唉！讓我從此辭別人世吧！」說完這段話沒多久，人就因悲痛而亡了。孔子希望弟子引以為鑑，於是當下就有十三位弟子向孔子辭別，以回家奉養父母。因此孔子才會說：「啜菽飲水盡其歡，斯之謂孝。」只要能承歡膝下，陪伴父母終老，即使只能以簡陋的物質來奉養雙親也無妨。

苛政猛於虎

名句的誕生

孔子過泰山側，有婦人哭於墓者而哀，夫子式[1]而聽之。使子路問之曰：「子之哭也，壹[2]似重有憂[3]者。」而曰：「然，昔者吾舅[4]死於虎，吾夫又死焉，今吾子又死焉。」夫子曰：「何為不去也？」曰：「無苛政[5]。」夫子曰：「小子識之[6]，苛政猛於虎也。」

～《禮記．檀弓》

完全讀懂名句

1. 式：同「軾」。古代車箱前供人憑靠的橫木；人站在車上，俯身憑軾，向人表示敬意，也叫軾。
2. 壹：確實、實在。
3. 重有憂：很深的憂傷悲痛。重，音ㄔㄨㄥˊ。
4. 舅：丈夫的父親。古以舅姑稱公婆。
5. 苛政：一解為殘暴不仁的政令。清代訓詁學家王引之則認為「政」通「征」，意為繁重急迫的賦稅和徭役。
6. 小子識之：小子為孔子稱其弟子。識即誌，牢記的意思。

語譯：孔子乘車經過泰山邊，看到有個婦人在墳上哭得很傷心，孔子手靠著車軾，專注聽著，並且派子路前去詢問：「聽您的哭聲，好像懷有很深沉的痛苦。」婦人說：「以前我的公公被老虎咬死，之後我的丈夫也被老虎咬死，現在我的兒子又死於虎口。」孔子說：「那為什麼不離開這荒涼偏僻的地方呢？」婦人說：「這裡雖然荒涼偏僻，卻沒有嚴苛的稅收和傜役。」孔子對弟子們說：「你們好好記住，嚴苛的稅收和傜役比兇猛的老虎還可怕啊！」

名句的故事

這則故事不從說理的角度寫孔子要如何推行仁政，也不直接抨擊苛政，而是用反襯法，先寫孔子路過荒山野外時，聽到一婦人於墓邊哀哭，而哭聲似乎蘊含多重不幸之意，最後道出婦人一家三代都死於虎口之下的慘事，但她卻仍然沒離開傷心地，是因為那裡「無苛政」，於是孔子得到「苛政猛於虎」的結論。

「苛政」指的是繁重急迫的賦稅和傜役，其中傜役是古代官府指派成年男子服義務性勞役，包括修城、鋪路、防衛鄉里、戍守邊疆等，有時賦稅繳納不出來，可以傜役來代替。

杜甫名詩〈新安吏〉，描述安史之亂時，要徵調成年壯丁去打仗，但城中已沒有成年男子，只好退而求其次，找未成年的男孩，但他們身材矮小，如何能守城呢？

另一首〈石壕吏〉則描寫夜裡官吏抓人去打仗，老婦人之夫嚇得趕緊跳牆逃跑，因為他家三個兒子都去打仗，已經有兩個戰死了。最後只有老婦人應門說：「家裡剩下還在喝奶的小孫兒和媳婦，家中窮得連遮身裙都沒有。我這老婦雖年老體衰，還能勉強跟你們走，就讓我去前線服傜役，至少還能給部隊士兵做做飯。」由此可見，苛政確實是猛於虎啊！

歷久彌新說名句

柳宗元曾懷疑「苛政猛於虎」這句話的真實性，直到他遇到一位姓蔣的捕蛇者，才改變他的認知。

原來永州有一種毒蛇，只要牠爬過的地方，草木全部枯死，咬到人，人也無藥可醫。但將牠抓來，殺死後風乾，製成藥，可以治痲瘋、毒瘡等病，於是太醫奉命收集這種蛇，說捕捉到這種蛇的人可抵免稅賦，致使永州人爭相去捕蛇。

這位姓蔣的捕蛇者，家中三代都是捕蛇

者，他的祖父和父親都死於捕蛇這個差事，而他接續這份工作已有十二年了，好幾次都差點被蛇咬到而喪命。柳宗元看他滿臉哀戚的訴說過往，忍不住說：「既然這麼危險，要不要我去幫你向主事者說情，讓你換個差事？」

姓蔣的捕蛇者一聽，苦苦哀求哭著說：「千萬不要！先生您哀憐我，以為我做這種差事很不幸，但這還比不上恢復我的稅賦來得痛苦啊！我們鄉裡凡是要繳稅的，沒有一個不是將農地的作物全部繳納，竭盡家中所有收入，但生活只是更困苦，以至於現在不是離鄉背井，就是累倒病死，村裡剩不到一半的人。我能靠捕蛇倖存，就算現在被蛇咬死，也比大部分人幸運多了。」所以「苛政猛於虎」一點也不假，「苛政」也毒於蛇呀！

予唯不食嗟來之食

名句的誕生

齊大饑，黔敖為食於路[1]，以待餓者而食之[2]。有餓者蒙袂[3]輯屨[4]，貿貿然[5]來。黔敖左奉食，右執飲，曰：「嗟！來食。」揚其目而視之，曰：「予唯不食嗟來之食，以至於斯也。」從而謝[6]焉；終不食而死。曾子聞之曰：「微[7]與？其嗟也可去，其謝也可食。」

～《禮記．檀弓》

完全讀懂名句

1. 為食於路：準備食物擺在路旁。
2. 食之：提供食物，給人東西吃。食，音ㄙˋ。
3. 蒙袂：一般認為是用袖子蒙著臉，怕被人認出。袂，音ㄇㄟˋ。
4. 輯屨：非常疲累，所以拖著腳步，邁不開步子。屨，音ㄐㄩˋ。
5. 貿貿然：指無精打采的樣子。
6. 謝：道歉。
7. 微：非，不對之意。

語譯：齊國發生大饑荒，黔敖在路邊準備食物，等待饑民經過，分送食物給他們充飢。有位飢民，渾身無力，垂著衣袖，拖著腳步，眼睛好像看不清楚，迷迷糊糊地走來，黔敖左手端著吃的，右手拿著喝的，對他喊道：「喂，來吃吧！」那個飢民抬起眼皮，看著他說：「我就是不吃人家用這種態度賞我飯，才淪落到這種地步的。」黔敖聽了，連忙道歉，但他還是不肯吃，因而餓死了。曾子聽說這件事後說：「這樣不對吧？別人提供食物沒有用好的口氣對待，當然可以拒絕不吃，但若對方已經道歉，就可以吃了。」

名句的故事

故事中，對飢餓者用「蒙袂輯屨，貿貿然來」將一個餓得毫無力氣的人刻畫在讀者眼前，其後又以「揚其目而視之，曰：『予唯不食嗟來之食，以至於斯也。』」寫出飢餓者寧可忍受生理的飢餓，但絲毫無法忍受精神受辱、尊嚴被貶抑；而從「貿貿然」到「揚其目」之間，可知飢餓者心裡有許多掙扎、轉折與糾葛，短短幾句話，呈現飢餓者不肯接受不禮貌的施捨之性格與骨氣。

至於寫黔敖這位施者，從他準備食物，等待飢民，到「左奉食，右執飲」欲給飢民，都寫出其行善的周到，卻因一句「嗟！來食」顯現出他言語上的輕忽，忽略了接受者的感受而失去對人應有的禮貌與恭敬，即使對方只是卑微的受施捨的飢民。不過黔敖一知道自己言語態度上的偏差，並沒有惱羞成怒對這名飢餓者咆哮，反而本著為善的初衷，立刻對飢餓者道歉，其實即是「知錯能改，善莫大焉」的最好體現。可惜這名飢餓者「終不食而死」。

故事最後寫曾子對這名飢餓者的評語，他一方面肯定飢餓者在受到無理對待時，可以不失骨氣，但也批評他過度偏執。

從而可見曾子對禮的態度是有彈性的。如處在飢餓者立場，應該要懂得權衡斟酌情況是否改變，只要守住根本禮法，不必偏執、鑽牛角尖到犧牲生命。

歷久彌新說名句

現在把「嗟來之食」這個成語解釋為具輕視、侮辱性質或不懷好意的施捨。

陶淵明晚年的詩作〈有會而作〉即表達出與此則故事中那位飢餓者不同的態度。

詩文如下：「弱年逢家乏，老至更長饑。菽麥實所羨，孰敢慕甘肥！惄如亞九飯，當暑厭寒衣。歲月將欲暮，如何辛苦悲。常善粥者心，深念蒙袂非。嗟來可足吝，徒沒空自遺。」

斯濫豈攸志，固窮夙所歸。餒也已矣夫，在昔余多師。」意思是年少時家境貧困，年老了，更常常挨餓。生活中只要有豆麥可溫飽就已心滿意足，哪敢奢望有肉食美味。自己缺衣缺食，又遇上年老、歲末，心中真是有無限悲涼苦味。常念著像黔敖這類施粥人的善心好意，深覺飢餓者不該拒絕。「嗟來之食」沒什麼可恥、可恨的，總比白白餓死要好。我的志願不是要做「窮斯濫」沒有操守的小人，而是做「固窮」的君子。

陶淵明在這首詩中要表現的是他處於飢寒的狀態，但自己仍能守志固窮，不失操守，既不為名利所驅，也不為榮辱而捨生就死。

事君不敢忘其君，亦不敢遺其祖

名句的誕生

邾婁[1]定公[2]之喪，徐[3]君使容居[4]來弔含[5]，曰：「寡君使容居坐含進侯玉，其使容居以含。」有司曰：「諸侯之來辱敝邑者，易[6]則易，于[7]則于，易于雜者未之有也。」容居對曰：「容居聞之：事君不敢忘其君，亦不敢遺其祖。」

～《禮記．檀弓》

完全讀懂名句

1.邾婁：春秋時國名，就是邾國，又叫鄒國。

2.定公：姓曹，名貜（音ㄐㄩㄝˊ）且。有些版本作「考公」，據顧炎武考證應是「定公」。

3.徐：春秋時國名，其國君僭稱王。

4.容居：徐國大夫。

5.弔含：慰問弔唁並行含禮。含禮是指將珠玉放入死者口中。

6.易：簡易、簡略之意。

7.于：于就是迂，即尊顯隆重的意思。

語譯：邾婁國君邾婁定公去世，自稱為王的徐國國君派大夫容居前去慰問，並代替他對定公行含禮。容居說：「敝國國君派我來坐行含禮，致送侯爵所含之玉，請讓我代替敝國國君行含禮。」邾婁國負責的官吏說：「勞駕各國諸侯、使臣來到敝國，如果是大夫代表，我們就採用對待使臣的簡易禮節；如果是國君親臨，我們就採用對待國君的隆重禮節。至於君禮臣禮混雜不分，我們可沒做過。」容居答說：「我聽說：侍奉國君，代表國君做事，就處處不敢忘記國君，也不敢忘掉我們的祖先。」

名句的故事

行含禮者不可比死者地位低，故此處邾婁定公喪，是諸侯之喪，應由同是諸侯國的徐國國君親自行含禮，不可派大夫去行含禮，因此邾婁國的官員才會拒絕容居行含禮。但若是天子派大夫去諸侯國，對國君行含禮，則可接受。而徐國國君自比為天子，把邾婁定公視為在己之下的諸侯，才會派大夫容居代替他去行含禮。

春秋戰國時期，周王室衰微，諸侯們僭越禮法，此故事中的徐國國君也是如此。

當時僭越禮法最有名的例子就是魯國執政大夫季孫氏在家廟庭中用了只有周天子才可用的八佾舞樂，因此孔子說：「是可忍也，孰不可忍也？」一批評魯國國君不能制裁季氏，放任容忍他這樣不論上下尊卑，僭越身分，輕視天子，那此後還有什麼事不能容忍呢？也批評季氏只是大夫，但連僭越天子之禮樂的非禮行為都敢做了，那還有什麼不敢做呢？

孔子在此不是在維護上位者的權力，也不是著眼於禮的外在形式，而是因禮是一種規範，可維繫社會秩序，因此必然有上下尊卑長幼的分別，而會違禮、非禮都是因為人心不仁所導致。

所以孔子才會說：「人而不仁，如禮何？」一人缺少仁心，那麼禮只是徒具形式罷了。

歷久彌新說名句

此故事中的容居會說「事君不敢忘其君，亦不敢遺其祖」之言，一方面是因為徐國在東夷中是最強的，他和徐國國君的祖先駒王曾起兵攻打周朝，直打到黃河邊，這是他們很自豪之事，另一方面也可說是外交辭令。至於邾婁國雖是小國，卻也能以禮來回應。

孟子說：「惟智者為能以小事大。」只有智者才懂得如何以小國的身份來侍奉大國。像春秋時鄭國大夫子產陪同鄭簡公到晉國，希望能和晉平公友好會面。可是晉平公因鄭國為小國，藉故說因魯襄公去世，不方便接見。子產等人只好住在晉國接待外賓的賓館中，但子產卻派人將賓館的圍牆全拆了，以便安放車馬以及所攜帶的貢品。

晉國大夫士文伯前來責問，子產卻不卑不亢的說：「我們是小國，面對你們大國，帶著傾全國之力的貢品前來，這些東西等同於貴國國君府庫中的東西，我們總不能擺在室外，任他日晒雨淋，可是你們的賓館連車馬都進不來，和晉文公當盟主時對待外賓的態度截然不同，請問不拆圍牆，我們要怎麼辦才好？」之後鄭國受到隆重的款待，而子產也因善於辭令，得到各國諸侯的敬重與信賴。

利其君不忘其身，謀其身不遺其友

名句的誕生

趙文子[1]與叔譽[2]觀乎九原[3]。文子曰：「死者如可作[4]也，吾誰與歸[5]？」叔譽曰：「其陽處父[6]乎？」文子曰：「行并植於晉國（兼攬眾事而專權），不沒[7]其身，其知[8]不足稱也。」「其舅犯乎？」文子曰：「見利不顧其君，其仁不足稱也。我則[9]隨武子[10]乎，利其君不忘其身，謀其身不遺其友。」晉人謂文子知人。

～《禮記．檀弓》

完全讀懂名句

1. 趙文子：晉卿趙武，文子是他的諡號。
2. 叔譽：晉國大夫羊舌肸（音ㄒㄧˋ），字叔向。
3. 九原：晉國卿大夫的墓地都在九原。
4. 作：起，此處為復活之意。
5. 歸：跟從、追隨。
6. 陽處父：晉國大夫，曾為晉襄公的太傅（官名，職在輔佐君王，使無過失）。
7. 沒：善終之意。指陽處父因得罪了狐偃之子狐射姑，而被他派人殺死。
8. 知：同「智」。
9. 則：效法。
10. 隨武子：晉國卿，即士會，字季，諡號武。因封在隨，所以又稱隨會，《左傳》中又有士季、隨季、范會、范武子等稱呼。

語譯：趙文子和叔譽到晉國卿大夫的墓地九原巡視。文子說：「死去的人如果能復活，我跟隨誰好呢？」叔譽說：「跟隨陽處父可以吧？」文子說：「他為人剛直，但在晉國兼攬眾事又專權，致使自己被殺，不能善終，他的才智不值得稱道。」叔譽說：「那跟隨舅犯呢？」文子說：「他為了自己的利益就不顧國君，他的仁德也不值得稱道。我還是效法、跟隨隨武子吧！他能為國君謀福利，同時又能顧全自己的利益；既為自己打算，又不忘記朋友。」晉國人認為趙文子很瞭解人的個性。

名句的故事

趙文子的外表看起來非常柔弱，給人的感覺連衣服穿在他身上都嫌太重，說話也常結巴得說不出話來，讓人以為他很遲鈍。但是他推薦七十幾個人為晉國管理府庫，他們都很稱職。他在生前不以錢財利益與人交往，死後也不將孩子託付給受過自己恩惠的人。從他對陽處父、舅犯、隨武子和舉薦過的人看來，可知他很能識人。

趙文子確實認為舉賢、知人善任很重要。曾經晉國的盜賊很猖獗，郄雍是個捉盜高手，因此受到晉國國君的重用。但是趙文子認為只靠郄雍善於觀察人是不是盜賊，盜賊永遠不會消失，而且郄雍必然會遭人暗算，不得好死。事後郄雍果真被群盜所殺，晉國國君立刻召見趙文子，問他事情要如何處理才好？他說：「君欲無盜，莫若舉賢而任之，使教明於上，行化於下。民有恥心，則何盜之為？」意思是大王想要沒有盜賊，不如舉用賢能的人，讓他教化百姓，使人民有羞恥心，那時怎麼還會有盜賊？於是晉國國君舉用了隨武子來主持政務，盜賊們知道晉國待不了，紛紛走避他國。

歷久彌新說名句

趙文子能舉賢，知人善任，所以為晉國人稱頌。古代在還沒實施科舉制度之前，人才的選用多半透過推薦方式進行。

孔子的學生冉雍，字仲恭，在擔任魯國大夫季孫氏的家臣時，就曾請教孔子處裡國家政事的要領，孔子回答說：「先有司，赦小過，舉賢才。」意思是先做屬下的表率，凡是以身作則，寬待屬下細微的過失，同時要懂得提拔選用賢能的人。至於要如何辨別人才呢？孔子告訴仲恭說：「舉爾所知。」意即舉用自己所知道的人才。因為別人看到為政者有舉用人才的誠意，自然會向他舉薦，那時就不怕人才被埋沒了。

《世說新語．賢媛篇第十九》中記載許允在擔任官職時，他所任用的人多為其同鄉里的人，因而被魏明帝下令逮捕，並親自審問他。

許允在被抓時，他的妻子提醒他說：「對於魏明帝，你只能說之以理，千萬別向他求情告饒。」於是許允在見到魏明帝時只說：「『舉爾所知』；臣之鄉人，臣所知也。陛下檢校為稱職與否？若不稱職，臣受其罪。」許允先引孔子之言，表明自己所任用的人都是自己所瞭解的人，再請魏明帝考核他是否有用人不當之處。不久許允就被釋放了。

從趙文子和許允身上也可見為國舉才，用人是需要有智慧的，否則怎麼稱得上「知人」呢？

大道之行也，天下為公

名句的誕生

孔子曰：「大道之行也，與三代之英[1]，丘未之逮[2]也，而有志[3]焉。大道之行也，天下為公。」

～《禮記．禮運》

完全讀懂名句

1. 三代之英：夏、商、周三代傑出的君臣。
2. 逮：音ㄉㄞˋ，及、到的意思。
3. 志：記錄。

語譯：孔子說：「大道實現的時代，以及夏、商、周三代傑出君臣的時代，我沒能趕得上親眼見到，只剩古書的記載。在大道實現的年代裡，天下是天下人所共有的。」

名句的故事

堯帝治理天下，仁德有智慧，使得萬民歸心。當堯帝年老時，便積極尋訪繼位人選，大臣放齊說：「您的長子丹朱十分英明，可以繼承帝位。」堯帝卻說：「這孩子不遵守德義，又好與人爭訟，不能治理天下。」大臣讙兜說：「共工能夠廣聚人力，興辦事業，應該可以繼承帝位。」堯帝卻說：「共工的話雖然說得好聽，但做事卻不循正道，不適合繼承帝位。」堯帝又說：「你們也可以從在朝的親貴或疏遠的隱士中推薦適當的人選。」大家便推薦了舜。

舜是盲人之子，他的父母偏執、不講道理，弟弟又狂傲無禮，舜卻仍能孝順父母並且友愛兄弟。堯帝說：「讓我來考驗他。」於是堯帝將兩個女兒嫁給舜做妻子，並且命他制訂典章，教化百姓，又入朝管理百官等等，三年來政績卓著，堯帝認為舜確實很聖明，後來就將帝位禪讓給舜。

堯帝認為自己的兒子丹朱不夠好，如果將天下交付舜，那麼可以使天下人得利；但如果將天下交付丹朱，只對丹朱一人有利而已，因此，堯帝說：「怎麼也不能讓天下人受害而令一人得利呀！」堯帝這種以天下人利益為先的想法，正是「天下為公」的精神，他雖然貴為天子，卻不將天下視為己有，反而積極物色賢德之人來繼承，如此無私、崇高的胸襟，實在偉大，故孔子讚美：「大哉，堯之為君也！」

歷久彌新說名句

《史記．周本紀第四》記載，周文王的祖父古公亶父繼承祖先的豳邑，致力於耕種，為人仁義，深獲百姓愛戴。當時北方戎狄部落薰育覬覦亶父的財物而派兵攻打，古公亶父為了避免戰爭，便將財物送給戎狄部落。不久，食髓知味的薰育又來進攻，豳邑的百姓十分憤怒，都想與他們開戰，但古公亶父卻說：「人民擁立君主，是要讓他來造福百姓。如今我身為豳邑的君主，如果讓人民因為我的緣故而與對方拚命作戰，那麼我實在不忍心這麼做啊！」於是古公亶父帶著私人財物與部屬離開豳邑，翻山越嶺，最後定居在岐山，豳邑百姓知道之後，扶老攜幼跟隨來到岐山，重新歸附古公亶父，其他地區的百姓也聽聞古公亶父的仁德，紛紛前來依附。

古公亶父不因百姓的擁戴而有私心和野心，反而處處以百姓的利益著想，因此得到遠近百姓的愛戴，正如孟子所說：「樂民之樂者，民亦樂其樂；憂民之憂者，民亦憂其憂。樂以天下，憂以天下，然而不王者，未之有也。」能將百姓的歡樂和憂愁放在心中當作是自己的歡樂和憂愁的人，自然可以得到百姓的擁戴。因此堯帝與古公亶父能獲得萬民愛戴，正是因為體現「天下為公」的精神。

選賢與能，講信修睦

名句的誕生

孔子曰：「選賢與能[1]，講信[2]修睦[3]。故人不獨親其親[4]，不獨子其子[5]。」

～《禮記．禮運》

完全讀懂名句

1. 選賢與能：選舉有品德、有才能的人來治理天下。
2. 講信：講求誠信。信，誠實。
3. 修睦：敦親睦鄰。睦，親厚、友好。
4. 親其親：第一個親字做動詞，意即敬愛；第二個親字做名詞，指父母。
5. 子其子：第一個子字做動詞，意即慈愛；第二個子字做名詞，指子嗣、兒女。

語譯：孔子說：「應該選舉有品德、有才能的人來治理天下，人人講求誠信，並且敦親睦鄰。所以人們不只是敬愛自己的雙親，也不只是慈愛自己的兒女而已。」

名句的故事

《史記．五帝本紀第一》記載，虞舜治理天下時，任命皋陶擔任司法官，審慎裁量五刑，使司法公平，被定罪的人都心服口服；任命禹治理洪水，疏導了九州的湖泊、江河，劃定了九州的疆界；任命伯夷主管禮儀，使朝廷上下皆能正直而清明；任命益主管林牧，充分開發了山林水澤的資源；任命弃（音ㄑㄧˋ）主管農業，使各種穀物都能及時成長；任命契主管政教，使百姓都能親愛和睦。

虞舜還規定諸侯百官要三年考核一次，經過三次考核後再決定百官的升遷，從此十二州牧都能奉法行事，不敢為非作歹，因此政治清明，天下太平，萬民順服，所以司馬遷說：「天下明德皆自虞帝始。」

堯帝雖然認為鯀不適合治理洪水，但因為四方諸侯一再薦舉，所以仍命令鯀治理洪水，結果卻一無所成；虞舜改任禹治理洪水，禹開鑿九山宣洩洪水，果然疏通了九州河川，遏阻了洪水。

由此可見，虞舜善於選賢與能，講信修睦，不但選用賢能，予以適材適用，還能加以考核，使百官各司其職、各盡其責，遠近百姓都能信任臣服，和睦相處，達到最理想的政治境界。

歷久彌新說名句

墨子曾說：「天下兼相愛則治，交相惡則亂。」認為天下人若能彼此相愛，天下就能安定；如果互相嫌惡，天下就會混亂。而孔子不但主張「人不獨親其親，不獨子其子」，也曾說：「汎愛眾，而親仁。」可見「愛人」是儒墨兩家相通一致的主張；不過，雖然同樣主張「愛人」，但兩者在本質上卻有很大的不同。

有位信仰墨子學說的人，名叫夷子，夷子認為按照儒家的說法，古代聖人保護人民，就像尚書提到的「像保護嬰兒」一樣，因此應該是指：愛護世人，沒有差別等級，只是實行起來，先從自己的親人開始罷了。但是孟子駁斥表示：「難道一個人愛自己哥哥的小孩，會像愛鄰居的小孩一樣嗎？」可見儒家認為愛是有差等，愛人應推己及人，有親疏、遠近、尊卑的差別。所以孟子說：「親親而仁民，仁民而愛物。」君子由親愛自己的親人，推及到博愛人民；再由博愛人民，推及到愛護天下萬物。但是墨家所主張的「兼愛」卻是要「愛人若愛其身」，即愛別人如同愛自己，毫無差別。孟子於是批評：「墨氏兼愛，是無父也。」墨子的主張不分親疏，平等博愛世人，那不就等於心中沒有父母了啊！

老有所終，壯有所用，幼有所長

名句的誕生

孔子曰：「使老有所終[1]，壯有所用[2]，幼有所長[3]，矜寡孤獨廢疾者[4]，皆有所養。男有分[5]，女有歸[6]。」

～《禮記．禮運》

完全讀懂名句

1.終：安度晚年。
2.用：各盡其能。
3.長：茁壯成長。
4.矜寡孤獨廢疾者：矜，音ㄍㄨㄢ，同鰥，老而無妻的人；寡，婦人無夫；孤，失去父母的人；獨，老而無子的人；廢疾，精神或肢體不健全的人。
5.分：職分，音ㄈㄣˋ。
6.歸：歸宿，指女子出嫁。

語譯：孔子說：「讓所有的老年人都能安享晚年，年輕人能夠學以致用且各盡其能，年幼的小朋友能夠健康地成長，不管是鰥夫、寡婦、孤兒、沒有小孩的人、或是殘疾的人，都能夠得到供養，並使所有的男子都能夠有適當的職分，所有的女子都能夠有良好的歸宿。」

名句的故事

古公亶父的孫子姬昌出生時出現吉兆，於是古公亶父說：「會使我們家族興盛的人，大概就是昌了吧？」果然殷紂王時期，曾任命姬昌為三公之一，並封為西伯。西伯遵從祖先后稷、公劉的事業，注重農業生產；效法祖父古公亶父、父親季歷的治理方法，致力於施行仁義。西伯尊敬老人，慈愛晚輩，尤其禮賢下士，為了接待賢士，每天忙到正午都還抽不出時間用餐，因此有很多士人歸附他。

孟子曾說：「天下有善養老，則仁人以為己歸矣。」意思是說天下如果有善於奉養老人的國君，那麼有仁德的人就會把他當作是自己的依靠。西伯重視農耕，施行仁義，他制定人民的田地住宅，教導人民耕種畜牧，開導婦人奉養家中老人，所以他的人民，沒有受凍挨餓的老人，當時伯夷、叔齊、姜太公等人年高德劭，為了躲避商紂王的暴虐，曾紛紛隱居起來，直到聽說西伯為人仁義又贍養老人，最後選擇歸服西伯。

歷久彌新說名句

有一次，顏淵與子路侍立在孔子身旁，孔子微笑對他們說：「何不妨來聊聊自己的志願呢？」子路率先回答：「我願意把自己的車馬、衣裘，和朋友共用，即使破舊了，也不會覺得遺憾。」顏淵則回答：「我期望能夠做到不誇耀自己的才能，不表揚自己的功勞。」子路又說：「我們也想聽聽老師您的志願啊！」孔子於是說：「我希望所有的老年人都能夠得到奉養而安樂，朋友之間的往來都能夠互相誠實信賴，年少的人都能得到撫育和關愛。」孔子與弟子子路、顏淵的閒談，恰恰展現三人不同的性格與志向，子路個性熱情，慷慨而樂與人分享；顏淵性情謙抑，深諳內自省的功夫；孔子則悲天憫人，胸懷理想世界。

從前周文王治理岐山周原時，施行井田制度，對於農人，只取九分之一的租稅；做官的人，他的子孫可以世代領取其俸祿；道路關卡或市集，設置官吏以察問可疑現象，但是不收商民的稅捐；人民可自由蓄水養魚、捕魚；犯罪的人，本身受到懲罰，妻子兒女則不受連累；對於鰥寡孤獨者，一定先妥善照顧。所以國內沒有受凍挨餓者，不論老少都能得到安頓，因此遠近百姓紛紛歸服，這正是孔子所稱述的理想世界。

力惡其不出於身也，不必為己

名句的誕生

孔子曰：「貨惡[1]其棄[2]於地也，不必藏[3]於己；力惡其不出於身也，不必為己。」

～《禮記．禮運》

完全讀懂名句

1. 惡：嫉恨、厭惡。
2. 棄：拋棄、捐棄。
3. 藏：儲積，收藏。

語譯：孔子說：「厭惡財貨被拋棄在地上而得不到有效的利用，也不必將這些財貨據為己有；痛惡才能無法由自己來盡情地發揮，也不必要求這些才能都要為己所用。」

名句的故事

周公旦是周武王的弟弟，他輔佐武王，協助決策國事。武王東征伐紂時，周公替武王作了〈牧誓〉誓師，滅了商紂王。第二年，武王病重，而天下還未安定，群臣惶惶不安，周公於是沐浴齋戒，祈願以己身代替武王死，果然武王的病就好轉了。後來武王去世，年少的成王繼位，周公擔心天下人聽說武王死了而發動叛變，為了穩定政局，於是就自己登基代替成王行使國家職權，並面朝南方接受諸侯朝拜。

武王的弟弟管叔、蔡叔等人懷疑周公有篡國的野心，竟聯合紂王之子武庚作亂，周公奉成王的命令討伐，花了三年的時間才完全平定叛亂。周公代理國政七年，等到成王長大，周公便將政權歸還給成王，自己仍回到臣子的位置北向而立。

周公曾經告誡長子伯禽說：「我一沐三握髮，一飯三吐哺，起以待士，猶恐失天下之賢人。子之魯，慎無以國驕人。」意思是說周公經常在洗一次頭髮、吃一頓飯的時間裡被打斷好幾次，使得他不得不擰著頭髮、或吐出已經放在嘴裏的食物來接待各界來訪的人，即使如此，他仍然擔心會失去天下的賢人，所以希望長子伯禽到封地魯國時，千萬不要因為自己是國君而怠慢了他人。

像周公這樣以天下為念，不圖謀私利，不誇耀己功，即使位高權重也不私心自用，如此大公無私的人，正是「貨惡其棄於地也，不必藏於己；力惡其不出於身也，不必為己」的楷模。

歷久彌新說名句

孔子說：「君子喻於義，小人喻於利。」意思是說君子明白的是義理，小人卻只知道唯利是圖。又說：「不義而富且貴，於我如浮雲。」意思是說如果以不義的方式求得富貴的話，對我來說也只像天上的浮雲罷了。可見重義輕利，是儒家獨特的經濟概念，孔子認為「貨惡其棄於地也，不必藏於己」，財貨只要能被善加利用，就不必一定要占為己有。而這樣的觀念尤其與精明的生意人秉持「人棄我取，人取我與」的原則不同。

儒家重視反求諸己的功夫，孔子曾說：「不患人之不己知，患不知人也。」又曾說：「不患無位，患所以立。不患莫己知，求為可知也。」意思就是說君子不要擔心別人不知道自己的才能，要擔心的是自己有沒有真才實學？才能是否足以擔任所得到的職位？因為權勢是最能改變人心，一旦位高權重，又剛愎自用，就再也容不下他人。

所以孔子曾感嘆當人人都追求「貨力為己」時，正顯現出大道已經式微，不再是天下為公的社會了。

謀閉而不興，盜竊亂賊而不作，故外戶而不閉，是謂大同

名句的誕生

孔子曰：「是故，謀閉[1]而不興[2]，盜竊亂賊[3]而不作，故外戶而不閉[4]，是謂大同。」

～《禮記．禮運》

完全讀懂名句

1. 謀閉：謀，詭計。閉，堵塞、阻絕。
2. 興：起，發生。
3. 亂賊：亂，叛亂。賊，傷害他人。
4. 外戶而不閉：外戶，從外面把門闔上。閉，由內將門闔上並插上門閂。

語譯：孔子說：「所以奸邪的詭計會被阻塞而沒有施展的機會，強盜、小偷、叛亂或害人的事也不會發生，因此家家戶戶只要從外面將門闔上而不須上鎖，這就是所謂的大同的世界。」

名句的故事

春秋時期魯定公任孔子為中都宰，一年之內，政績卓然，吸引周圍各地的地方官們前來學習效法；不久，由中都宰改任司空，再晉升為大司寇。

魯定公十年，與齊景公會盟於夾谷，孔子為相，當齊國輕視孔子知禮而無勇，策劃派人用武力劫持魯定公時，孔子一面令魯國戰士抵擋，一面譴責齊國失義失禮，促使齊景公羞愧而退兵，最後還歸還了鄆、汶陽、龜陰土地給魯國。

魯定公十四年，孔子五十六歲，升任代理

宰相一職，在參與魯國政權的短短三個月裡，不但將擾亂國政的大夫少正卯殺了，並使得商人不再敢以次等貨充當上等貨而漫天要價、男人女人在路上行走時會自覺男女有別而分開來各走一邊、行人不會拾取別人遺落在地上的財物、家家戶戶夜不閉戶而能夠安眠，連四面八方來到魯國的客人，都可以不用向官員請求，百姓們就能夠讓他們各得所需而歸，魯國因而大治。

魯國大夫季康子曾經向孔子請教為政的方法：「如果將壞人殺掉來成就好人，如何？」孔子回答：「子為政，焉用殺？子欲善，而民善矣！君子之德風，小人之德草，草上之風必偃。」意思是既然季康子是主政的人，又何必用殺戮的方法來治國呢？只要他願意行善，百姓自然也會跟著向善。因為領導人的德性好像風，百姓的德性好比草，風吹過草時，草一定會隨風仆倒。

因此，孔子在魯國主政時，秉持禮義，使得百姓能夠安居樂業，實現了大同世界。

歷久彌新說名句

春秋時期鄭簡公十二年，任命子產擔任宰相一職，一年後，鄭國裡的小孩子不胡亂打鬧、年輕人會主動幫老人家提重物、連未成年的孩子耕田時也懂得互相禮讓且不侵犯地界；兩年後，市場上的商人不再漫天要價；三年後，國內沒有盜賊，家家戶戶即使到了晚上也不用關門、路人不會撿拾遺落在路上的財物；四年後，田的農具可以放在田裡不用帶回家、桃樹棗樹的果實垂掛在街道上也沒有人會隨意攀摘；五年後，國家不用徵兵、徵役，人民都能守禮辦理喪事。

子產為人仁義愛人，事奉國君忠厚，他治理鄭國二十六年，百姓信服，當他死時，鄭人為他哭泣得像親戚去世一樣的悲傷，連孔子也為他哭泣說：「古之遺愛也！」意思是說子產的仁愛有古代的遺風。

當子產病重時，臨死之前對兒子太叔說：「我死以後，你一定會執政。你要記住：只有有德的人才能夠用寬厚來使百姓順服，其次就是嚴厲了。當火猛烈時，百姓看著就害怕，所以很少有人死於火；而水懦弱，百姓輕慢而玩弄它，反而多死在水中。由此可見，用寬厚來執政是很不容易的。」

孔子讚美地說：「善哉！寬以濟猛，猛以濟寬，政是以和。」意思是說用寬厚調劑嚴厲，用嚴厲調劑寬厚，政事因此調和。

因此，子產執政時，能夠使得國內家家夜不閉戶、人人路不拾遺，既沒有奸邪詭計的圖謀叛變，也沒有外力的欺侮侵犯，一如大同世界。

用人之知去其詐，用人之勇去其怒，用人之仁去其貪

名句的誕生

孔子曰：「故用人之知去其詐[1]，用人之勇去其怒[2]，用人之仁去其貪。」

～《禮記．禮運》

完全讀懂名句

1. 詐：欺騙、虛假。
2. 怒：衝動易怒。

語譯：孔子說：「所以國君選用人才時，應當取其智慧而捨棄虛假不實之處，取其勇敢而捨棄衝動易怒，取其仁愛而必須捨棄過分溺愛。」

名句的故事

季康子曾問孔子說：「衛靈公如此昏庸無道，為什麼他還不會喪失君位呢？」孔子回答：「他有仲叔圉負責外交工作、祝鮀處理祀祭事宜、王孫賈統率軍隊。像這樣善用人才的君主，又怎麼會失去君位呢？」衛靈公的私德雖然頗受爭議，譬如信任淫亂的妻子南子、蓄養男寵彌子瑕、逼走了太子蒯聵（音ㄎㄨㄞˇ ㄎㄨㄟˋ），不過在政事上卻因為他能知人善任，所以國家才能維持穩定，而他也能保有君主的地位。

由此可見，人才對國家的重要性，《貞觀政要．擇官》也記載，開創貞觀盛世的唐太宗曾說：「致安之本，惟在得人。」意思就是說

國家興盛與否，全繫在能否得到好的人才。又說：「明王使人如器。」意謂聖明的君王選用人才就像選用器物一樣，應該捨其所短，用其所長。沒有人是十全十美，每個人才都各有所長，也各有所短，只要掌握人才的特點，用其所長，捨其所短，這樣就能發揮最大的功效了。誠如孔子所說：「用人之知去其詐，用人之勇去其怒，用人之仁去其貪。」聖明的君王如果懂得知人善任，能夠發揮人才的優點，去除其缺點，那麼國家自然可以長治久安。

歷久彌新說名句

明末薊遼總督洪承疇兵敗被俘，押解至盛京。清皇太極派大臣范文程前去招降，洪承疇起初神情激昂、慨然拒降，范文程見狀，只好慢慢勸說，一面與他談論起古今歷史，在言談間，忽然從屋樑落下些許灰塵，掉在洪承疇的衣服上，洪承疇順手揮去灰塵。范文程向皇太極回報：「洪承疇不會自殺殉國，他連衣服都如此愛惜，更何況是自己的生命？」皇太極便親自前來看洪承疇，並脫下身上所穿的貂裘給洪承疇穿上，關懷地問：「先生不會冷嗎？」洪承疇張大眼睛看著皇太極好久，然後嘆口氣說道：「這是真命天子呀！」於是磕頭請求投降。

皇太極禮遇洪承疇，許多大將不服氣，皇太極問大將們：「我們辛苦連年征戰是為取得中原。如今有了洪承疇作為嚮導，不是很值得高興嗎？」皇太極利用洪承疇，深入瞭解明朝皇室、城官守吏、中土民情等等，積極計畫南征大業。洪承疇投降清廷後，編隸鑲黃旗漢軍，皇太極雖然恩寵深厚，卻始終沒有授予任何官職。

皇太極可謂深諳用人之道，洪承疇被俘之際雖然慷慨陳辭，拒不投降，然而一個拍去衣上灰塵的小小動作，卻被清廷君臣一眼看透，於是皇太極以帝王之尊，親自為他披上貂裘，又連日設宴擺戲款待他，這份殊榮，使得洪承疇不得不降服；然而當洪承疇投降後，皇太極卻不讓他做官，故意令他害怕，這樣才會更加戒慎恐懼為清廷效力。

飲食男女，人之大欲存焉

名句的誕生

孔子曰：「飲食男女[1]，人之大欲[2]存焉。死亡貧苦，人之大惡[3]存焉。故欲惡者，心之大端[4]也。人藏其心，不可測度也。美惡皆在其心，不見[5]其色[6]也，欲一[7]以窮[8]之，舍禮何以哉？」

～《禮記．禮運》

完全讀懂名句

1.男女：指男女兩性之間的關係。
2.欲：欲望。
3.惡：厭惡、嫌棄。
4.端：頭緒。
5.見：顯現，通「現」，音ㄒㄧㄢˋ。
6.色：內心的感受，顯現在眉宇間的神情。
7.一：專一。
8.窮：窮盡。

語譯：孔子說：「在飲食之中，男女之事，是出於人類最基本的欲望。死亡和貧苦，則是人類最厭惡的事。因此，這些欲望、厭惡，是人們心中最強烈的兩種情緒。人的內心深藏不露，無法揣測忖度。所有的喜好、厭惡都藏在內心，不顯現於形色，想要窮究其中的意義，若是捨棄用禮的話，又怎麼能辨得到呢？」

名句的故事

任國有個人向孟子的弟子屋廬子請教：「禮和飲食，哪一個重要？」屋廬子回答：

「禮重要。」那個人又問：「色欲和禮，哪一個重要？」屋廬子回答：「禮重要。」那個人再問：「如果依禮來飲食，卻要飢餓而死；不依禮而飲食，反而能吃到飽，這樣還要依禮嗎？如果按禮親自去迎娶，卻娶不到妻子；不按禮親自迎娶，反而能娶到妻子，這樣還要按禮親自去迎娶嗎？」屋廬子愣住，無法回答，便將這些話告訴孟子。

孟子認為：「不去度量事情的根本，只去比較它們的末端，那麼一方寸的小木塊，可以高過樓房的邊角。金子比羽毛重，難道是指用一個小小帶鉤重量的金子，和一整車羽毛的重量來相比的嗎？拿飲食中最重要的生死差別，與禮中最輕微的禮節相比，何止是飲食重要呢？拿色欲中最重要的夫妻關係，與禮中最輕微的禮節相比，何止是色欲重要呢？你可以問他：『如果扭斷哥哥的手臂並且奪取他的食物，才能得到吃的；不扭斷就得不到吃的，那麼你是不是要去扭斷呢？如果跳過東鄰的牆去搶奪他家的處女，就可以得到妻子；不搶奪就得不到妻子，那麼你是不是要去搶奪呢？』」

《詩經》上說：「相鼠有體，人而無禮。人而無禮，胡不遄死？」意思就是看那老鼠還有個老鼠的形體，做人反而不守禮；做人如果不守禮，活著還有什麼意義？

由此可見，禮是調節人世生活的根本，包括欲望的需求，倘若失去禮的節度，那麼人類與其他動物就沒有差別了。

歷久彌新說名句

告子曾說：「食色，性也。」意思是說喜歡好吃的食物、貪戀美色，是人的本性。孔子也說：「飲食男女，人之大欲存焉。」可見食欲和性欲是人類最基本的兩大欲望。

孔子說：「食不厭精，膾不厭細。」他對飲食的講究，不在於食物的精美，卻在乎一切必然合乎節度，譬如食物放久或變味、變色了就不吃，烹煮壞了也不吃，不是正餐不吃，宰殺不當的肉不吃，沒有適當的醬料佐食也不吃，飲食不過量，吃的時候不交談等，即便在飲食中，也必須合於禮。

孔子曾感嘆說：「吾未見好德如好色者也。」有一次孔子與衛靈公的夫人南子見面，他的學生子路知道了以後很不高興，因為南子的風評不佳，私生活淫亂，孔子因而賭誓地說：「若我有任何不合禮的行為，連天都會厭棄我的！」連至聖先師孔子都曾讓自己的學生這樣誤解，由此可見，男女之間的情欲，誘惑極大，所以世上愛好德行的人遠不如貪戀美色的人多呀！

孟子說：「人之有道也，飽食、煖衣、逸居而無教，則近於禽獸。」做人必須講求道理，如果只知道吃飽飯、穿衣保暖、安逸居住著，卻不懂得禮教，那就與禽獸差不多了。因此，人的欲望必須透過禮來約束，才能不逾矩，正如《詩大序》上云：「發乎情，止乎禮義。」

夙夜強學以待問，懷忠信以待舉，力行以待取

名句的誕生

儒有席上之珍1以待聘，夙夜強學2以待問，懷忠信以待舉3，力行以待取4，其自立有如此者。

~《禮記・儒行》

完全讀懂名句

1.席上之珍：筵席上的寶玉，比喻君子的才德。

2.強學：勉力學習。

3.待舉：等待被推舉。

4.待取：等待被提拔。

語譯：儒者的才德似筵席上的珍玉般等待諸侯的聘用，早晚勉力學習、溫故知新以等待他人請教，內心忠誠信實以等待世人推舉，努力實踐以等待在位者提拔。儒者便是能夠先自立其本，以待時機。

名句的故事

孔子於兩千多年前的春秋時代，周遊列國，願使仁義正道行遍天下，解民倒懸，而在自衛國返魯國後，魯哀公見孔子服飾特殊，由問孔子儒者服飾進而詢及儒者言行，此即為《禮記・儒行》的背景。

《論語・公冶長》記載孔子曾言：「十室之邑，必有忠信如丘者焉，不如丘之好學也。」意思是說在鄉邑裡，有像孔子如此忠信之人，但卻沒有像孔子這麼好學的。孔子這番話的用意在激勵人們若能在品德敦厚之外，尚

勤奮好學的話，將有如寶玉般的才德，以為時用。這便和《禮記．儒行》中這句話的意思差不多：一位真正的儒者，是才能（強學）、品德（忠信）及實踐力（力行）三者兼備的。

歷久彌新說名句

《論語．學而》首章孔子言：「學而時習之，不亦說乎？有朋自遠方來，不亦樂乎？人不知而不慍，不亦君子乎？」和《禮記．儒行》同樣一開始便點出好學的重要，然當人學有所成時，若又遇到有朋自遠方來，便往往希望對方知道自己的才學。此時，孔子提醒學者，若他人不知自己的才學，還能內心平和的話，便可稱得上是君子了。

漢代大儒鄭玄注解《禮記．儒行》中的這一句，也說：「猶玉之在席上，非有求於人，而聘問者自不能舍也。」鄭玄亦在提醒學者，進德修業並非是為了有求於人，更非是為了干譽求祿，若心無所求，自然人不知也可不慍了。

只要自己能夠持續學習、心懷忠信，又努力實踐，那麼，將如同在席上的珍玉一樣，即使靜置於此，仍會被發現其中的光輝。

三國時代著名軍師諸葛孔明，因父親早逝，後輾轉在南陽隆中耕讀。正是在劉備三顧茅廬之前的這段時間，孔明用心於自身的內外修養、充實才學，一如《禮記．儒行》所言：勉力學習、內懷忠信、確實實踐以等待有識之士來挖掘。果不其然，後來他的名聲傳到劉備耳中，引得劉備親臨茅廬來請教孔明；一次不見、兩次不見，直至第三次劉備方才見到孔明。倘若孔明無此才德，大概也不容易使劉備願意三顧茅廬，而最後一次劉備見著孔明，孔明說出歷史上知名的「隆中對」，讓劉備不得不佩服，並請孔明出仕協助他，而「隆中對」之內容，也成為蜀漢之後數十年的基本國策。

禮記

好學不倦，好禮不變

坐起恭敬，言必先信，行必中正

名句的誕生

儒有居處齊難[1]，其坐起恭敬，言必先信，行必中正；道塗不爭險易之利[2]，冬夏不爭陰陽之和[3]；愛其死[4]以有待也，養其身以有為也。其備豫有如此者。

～禮《禮記．儒行》

完全讀懂名句

1.居處：起居作息；「齊難」，齊，音ㄓㄞ，莊重謹慎。

2.險易之利：平坦易行的便利，屬偏義複詞。

3.陰陽之和：溫暖涼爽的舒適。

4.愛其死：珍惜生命而不輕生。

語譯：儒者在平常的起居作息，總是保持莊重謹慎，無論坐立都相當恭敬，出言謹慎且能信守承諾，行事依循中庸正當之道；行走於道路時不與人爭搶平坦易行的路段，無論天氣寒熱，都不貪圖溫暖或涼爽的舒適；珍惜自己而不輕生是為了將來有所貢獻，保養自己的身心健康是為了之後有番作為。儒者便是能夠準備得如此充足，可隨時擔負起天下重任。

名句的故事

儒家的心願是淑世於天下，願欲天下太平，百姓安和樂利。因此，在孔子眼中，儒者一定得具備淑世天下的才德，但這才德並非是一日養成、一蹴可幾，而是需要從日常生活積累培養而成，是以孔子強調由「居處」做起，並注意一些生活細節，如「道塗不爭險易之利」和「冬夏不爭陰陽之和」等。

此外，儒者「愛其死」、「養其身」並非是貪生怕死，或只是謀求自己身體安泰，而是為淑世於天下。

欲淑世於天下，必先有健康的身心，才能有番作為；同時，也唯有能夠珍惜自己的人，方可真正愛惜他人，推廣仁愛之心並至愛人如愛己。

歷久彌新說名句

《資治通鑑》記載三國時，吳國左大司馬朱然，一生公正誠敬，在戰場上臨危不亂且能臨機應變，即使在日常生活，也是操守廉潔，莊重磊落。

朱然沒有戰事的時候，早晚同樣按時嚴謹的打鼓練兵，士兵在營中，一定是全副武裝，編整入隊，毫不散漫。因此，每當發生戰爭時，朱然率領的軍隊，經常打勝仗。後來朱然病危時，吳王日夜擔心朱然，時常嚴囑太醫，或親自慰問朱然的病情。當朱然病逝後，吳王為此哀痛不已。

朱然的作為，正是「居處齊難，其坐起恭敬，言必先信，行必中正」，無論在戰場或平時，皆內以莊敬自持，外以中正處事。軍事上，縱使無戰事，平常仍然嚴加訓練士兵，使之如在戰場般戰戰兢兢。

平時便準備得如此充足，所以當上戰場時，朱然及其軍隊自然能夠臨危不亂，且可將平日所受的訓練，充分發揮，故經常旗開得勝。

不寶金玉，而忠信以為寶

名句的誕生

儒有不寶金玉，而忠信以為寶；不祈土地，立義以為土地；不祈多積[1]，多文以為富。難得[2]而易祿[3]也，易祿而難畜[4]也。非時不見[5]，不亦難得乎？非義不合，不亦難畜乎？先勞而後祿，不亦易祿乎？其近人有如此者。

～《禮記．儒行》

完全讀懂名句

1. 多積：聚斂財富。
2. 難得：難以延攬、羅致。
3. 易祿：容易供給俸祿。
4. 難畜：難以畜養。
5. 非時不見：沒有適當時機不出仕。

語譯：儒者不以金玉為寶貴，而以忠信為寶貴；不祈求擁有大量土地，但以正義為立身之地；不謀求聚斂財富，然以學問淵博為富有。儒者難以羅致，但卻不貪圖俸祿，雖然不過分要求俸祿，然卻難以被羈留。沒有適當的時機就不出仕，不是很難羅致嗎？不以道義相待便離去，不是很難羈留嗎？先有所貢獻才收取俸祿，不是很容易提供酬勞嗎？儒者應世即是如此近於人情。

名句的故事

真正的儒者所追求的是永恆且能夠益於天下之物，金玉、土地對儒者而言，只是身外物，而且容易迷惑心性，進而失去德操。在孔子眼中，自身的德行，如忠信、正義等，才是永恆且真正可利人利己的。金玉、土地可由外在途徑取得，但同時也容易被奪取；唯有內在的德性，是自己可一生持守，不受外在得失、取予影響。因此，孔子主張應以忠信為寶，而非是金玉。

《論語．衛靈公》記載，孔子曾言「君子謀道不謀食」、「君子憂道不憂貧」，其中所說的「道」，意涵較為廣泛，然若結合《禮記》這一句，則可說忠信便是「道」之一端，如此一來，可使學者在提昇德行方面，較易找到著力點。又《論語．衛靈公》這兩句，事實上也傳達與「儒有不寶金玉，而忠信以為寶」類似的意思，均認為忠信的價值才是君子所肯定與追求的，金玉終歸只是身外物。

歷久彌新說名句

歷代許多獲得百姓敬愛、讚譽的父母官，都是「不寶金玉，而忠信以為寶」。其中宋代包拯是大家耳熟能詳的人物，及至今日，仍有不少戲曲、故事，歌頌著「包青天」的美譽。

包拯在世為官時，不貪圖金銀財寶，不受權貴豪強的賄賂或逼迫，堅持公正廉明的原則，秉公辦案，因此洗雪不少陳年冤獄。因為他的操守如青天坦蕩廉明，故被世人稱頌為「包青天」。他的德操與清譽，使得他流芳百世，永垂不朽，落實了孔子所提倡的精神，追求永恆且益於天下之物。

戲曲流傳的《鍘美案》，生動描繪出包拯「不寶金玉，而忠信以為寶」的形象。劇中陳世美乃當朝狀元，又是駙馬，然而為了功名利祿，對上欺騙皇帝父母早亡，沒有妻子；又對父母不孝，使父母擔憂生疾，甚至餓死；不顧在家鄉受苦的妻子，甚至妻子上京仍不認。種種不仁不義不忠不孝之行，盡歸於一身。包拯為斷此案，甚至取出奉銀，是為「不寶金玉」；又對秦香蓮信守承諾，勇於對抗當朝國太等人，此謂之「忠信以為寶」。如是種種，皆表現出包拯為「青天」的形象，具體象徵了本則名句之內涵。

見利不虧其義

名句的誕生

儒有委[1]之以貨財，淹[2]之以樂好，見利不虧其義；劫之以眾，沮[3]之以兵，見死不更其守；鷙蟲[4]攫搏[5]，不程[6]勇者；引重鼎，不程其力；往者不悔，來者不豫；過言不再，流言不極[7]；不斷其威，不習其謀[8]。其特立[9]有如此者。

～《禮記．儒行》

完全讀懂名句

1.委：贈送。
2.淹：浸漬。
3.沮：恐嚇。
4.鷙蟲：猛獸，比喻兇暴的威勢。鷙，音ㄓˋ。
5.攫搏：奪取撲打。攫，音ㄐㄩㄝˊ。
6.程：度量。
7.不極：不問所從來。
8.不習其謀：不要弄權謀。
9.特立：卓然而立，不同流合污。

語譯：儒者即使受贈財寶，生活充斥著玩樂，也不會見利忘義；縱使被眾人所劫持，或受武器所恐嚇，面臨死亡威脅，仍不改其操守；遇到如同猛獸般的殘暴威勢，不計量自己而勇於抗衡；遭逢重鼎般的艱鉅任務，只要合於義，將不顧自己勇於承擔；不追悔過去的事，也不過度擔憂未來的事，一切處之泰然；說錯的言語不再犯，對於流言不聽信與追究；常保持威嚴，但不要弄權謀。儒者便是如此卓然自立且不同流合污。

名句的故事

《論語．為政》提到：「子張學干祿。子曰：『多聞闕疑，慎言其餘，則寡尤；多見闕殆，慎行其餘，則寡悔。言寡尤，行寡悔，祿在其中矣。』」孔子的弟子子張，請教孔子如何求取利祿，孔子回答他若能多聞多見，謹言慎行，則可減少被怨恨或後悔之事，如此利祿即在其中。

另一篇《論語．衛靈公》中，孔子曾說：「君子謀道不謀食。耕也，餒在其中矣；學也，祿在其中矣。君子憂道不憂貧。」則是明揭君子應當是憂慮正道無法行於天下，應用心於學道、行道，而非汲汲營營於利祿。可是，若能夠學道、行道，如〈為政〉中所言的多聞多見、謹言慎行，那麼，利祿也會隨之而來。

由此得知，對儒者而言，道義重於利祿；儒者所求非利祿，而是道義，故當見利時，自當不忘義。也就是在心存道義、身行道義之中，利祿離之不遠。

歷久彌新說名句

明代小說家馮夢龍在名作《醒世恒言》描述一則故事：

故事發生在明代浙江衢州府，有一對兄弟，哥哥名叫王春，弟弟名叫王奉；兩兄弟各生一個女兒，哥哥的女兒名叫瓊英，弟弟的女兒叫瓊真。依照古代的習俗，兩個女孩子從很小就已經分別訂婚：瓊英許配給一位富家公子潘華，瓊真則許配給一個官家子弟蕭雅。

不幸的是，瓊英在十歲時，父母相繼過世。身為哥哥的王春在臨終前，把孤女瓊英託付給弟弟王奉，說道：「我沒有兒子，就只有這個女兒，希望你把他當作自己的女兒看待；等她長大，將她嫁到潘家，當作完成哥哥我的心願。」說完便斷了氣。王奉便將瓊英接來家中，和女兒瓊真作伴。

有一年，潘華與蕭雅不約而同來王奉家中拜年。潘華從小便長得英俊好看，因為家中富有，所以身穿綾羅綢緞，顯得貴氣不凡；而蕭雅卻一臉麻子，家中雖然做官，卻相當清廉，身穿粗布衣裳，看起來純樸老實。加上幾年下來潘家越來越富有，但蕭雅卻因父親過世而家道中落，兩人之間的差別越來越明顯。王奉心想：「潘家家財萬貫，潘華一表人才，和蕭雅一比，如雲與泥，然而我卻要把自己的女兒嫁給醜陋的窮光蛋？」利字當頭，王奉開始有了不義之心。

兩個女孩長大後，王奉罔顧哥哥遺願，偷偷將瓊英與瓊真交換，把哥哥的女兒瓊英，嫁給窮小子蕭雅；把自己的女兒瓊真，嫁給富貴英俊的潘華。不僅如此，王奉更把哥哥留下來的財產一併侵吞，當作女兒瓊真的嫁妝，卻只給瓊英一點簡單的飾品充數。可憐的瓊英，無法違抗叔叔的安排，只能含淚嫁入蕭家。

沒想到，人算不如天算，瓊真嫁入潘家後，才知道潘華仗著家中富有，是個不學無術的紈褲子弟；整天與狐朋狗黨到處吃喝玩樂，不到十年，家產便被敗光，差點要將瓊真賣給他人去當奴婢。王奉知道後，氣得將瓊真接回家中，不許夫妻相見，而潘華從此流落他鄉，不知去向。

反觀瓊英，雖然嫁入當時一貧如洗的蕭家，但蕭雅勤奮向學，後來考上科舉，成為朝中一品大官，瓊英成為一品夫人。

世人往往因為欲望的驅使，重利輕義，加上「利」容易看到好處，「義」不僅難見，甚至與利衝突。道義永恆，利益短暫，只是人們總是難破此關。

故事中的王奉，只看到表面上的「利」，而背棄了與哥哥的「義」；不僅沒有看到表面下的真實，更因一時貪婪，賠上女兒的人生。

可親而不可劫也，可近而不可迫也，可殺而不可辱也

名句的誕生

儒有可親而不可劫也，可近而不可迫也，可殺而不可辱也。其居處不淫[1]，其飲食不溽[2]；其過失可微辨[3]而不可面數也。其剛毅有如此者。

～《禮記．儒行》

完全讀懂名句

1. 淫：浮爛。
2. 溽：濃厚，意指逐口腹之慾。
3. 微辨：委婉勸諫。

語譯：儒者讓人可親睦但不可要脅，可接近但不可逼迫，可被殺但不可被汙辱。儒者平常起居不糜爛，不追逐口腹之欲；自己有過失可接受他人委婉勸諫，但不能忍受當面數落。儒者的剛強堅毅便是如此。

名句的故事

《禮記．儒行》中所記載的這段佳言，基本上每一句皆環繞著中庸這一原則。

可親者易致狎暱，如此也將容易受要脅；可近者若失去剛強的一面，也同樣容易遭致逼迫。所以孔子立教均盡量達到中正平和，不偏不倚，讓可親可近者不會失去剛毅，如此也就不受到要脅逼迫。

《論語．子張》曾提到：「子夏曰：『君子有三變：望之儼然，即之也溫，聽其言也厲。』」子夏的這句話，可與上述孔子之言相互參照。君子望之莊嚴肅穆，親近後卻是相當

溫和近人，但其言又頗為嚴謹信實；其所形容的君子形象，也是保持中庸原則，內涵與《禮記．儒行》相似。

而「可殺而不可辱」一句，在後代演變成大家耳熟能詳的成語「士可殺不可辱」，意指生死事小，道義事大，故人格操守不容汙辱。換言之，即是人格道義重於一己之生命。

歷久彌新說名句

清代王士禎在《池北偶談》一書記載了一則關於「抱松女」的故事。

據說，宣城這地方，有位讀書人名叫羅愷，羅愷的妻子孫氏在十五歲時，遭遇戰亂；兵荒馬亂中，孫氏和她的婆婆躲在山中的松樹下避難。然而，不幸的是，他們的藏身之地被士兵發覺。正當士兵抓住年邁的婆婆想殺掉她時，孫氏衝了出來，大喊：「別殺我婆婆，要殺，就殺我！」當凶殘的士兵正要將孫氏抓走時，孫氏緊緊抱住一旁的松樹，叫道：「我寧願死，也不能讓你們汙辱我！」由於孫氏寧死不屈，士兵便將她殺害。說也奇怪，過了三天，孫氏的屍體仍然緊緊抱著松樹不放。

從此，世人便稱孫氏為「抱松女」，一方面紀念孫氏，一方面也表揚弱女子「可殺而不可辱」的堅持。

這種在面臨危險與困難中，依然視道德人格重於生命的精神，不僅僅存於讀書人心中，更存在一般百姓的心中；即使是一名手無縛雞之力的女子，在面對危難時，也沒有捨棄自己的尊嚴，這份勇氣與信念，實在令人動容。

戴仁而行，抱義而處

名句的誕生

儒有忠信以為甲胄1，禮義以為干櫓2；戴仁而行，抱義而處，雖有暴政，不更其所3。其自立有如此者。

～《禮記．儒行》

完全讀懂名句

1.甲胄：盔甲。

2.干櫓：干，盾牌；櫓，大盾。

3.不更其所：不改變立場、原則。

語譯：儒者是以忠信作為盔甲，以禮義作為盾牌；依循仁心行事，秉持正義處世，即使遇到暴政，也不改變他們的立場、原則。儒者便是能夠如此昂然獨立。

名句的故事

甲胄、干櫓皆是為了抵擋外侮，而人們通常只懂得外在的抵抗，不知由內而外去抵禦外侮。孔子此番話，即是教人如何以仁義服人心，使人因為敬重而不敢欺侮。甲胄、干櫓能抵禦一時，但只要對方內心不服或輕視，便會再有欺侮的行為；孔子以仁義服人心的方法，乃是從根本救治，對方油然而生敬重之心，自然不會欺侮。

這裡的意思和魯哀公一開始問孔子儒服，而孔子答以儒行的用意一樣。儒服只是外在的服飾，穿著儒服，內在的德操品行，未必符合「儒」；當德行符合「儒」，才不失為一位儒者。

歷久彌新說名句

明代馮夢龍在《喻世明言》記載：春秋時期，楚元王崇儒重道，到處招募賢士，許多有才能的人都因此前往楚國。

當時西羌積石山，有一個賢士，名為左伯桃，年幼即父母雙亡；但他勤奮向學，無論道德或學識，都有非常好的造詣。然而，春秋時期列國諸侯互相併吞，想稱霸中原的國君很多，但真正肯為民著想、施行仁政的國君卻相當少，因此左伯桃即使學富五車，將近四十多歲，仍沒有到任何國家擔任官職。

這時，左伯桃聽說楚元王講究仁義、禮賢下士，於是便告別鄉里前往楚國。當時正值隆冬，風雨交加，他來到了「雍」地。遠遠望見前方竹林裡有微光，原來是一間草屋，伯桃敲了敲草屋的門。主人開了門邀請他進屋，屋中並無其他擺設，只有一張床榻，榻上擺滿書卷。草屋的主人安排伯桃烘乾衣物，又安排酒食熱情款待他。伯桃這才知道此人名叫羊角哀，也是自幼父母雙亡，一個人隱居在竹林中。兩人一見如故，談論學問、把酒言歡了一整夜。羊角哀便將左伯桃留在家中數日，盛情款待，兩人更義結兄弟，並且決定結伴前往楚國。

然而，這趟旅途並不順遂。過了幾日，兩人正翻越一座荒山，卻遇上大雪。山中幾無人煙，也無處避難，這時，左伯桃漸漸覺得體力不支，對羊角哀說道：「這山中百里之內絕無人家，我們的乾糧已經很少，禦寒衣物也不足。如果一個人走，可能還有機會；兩個人同行，即使不凍死，也會餓死。我把身上的衣服脫給賢弟你穿，你可以帶著剩下的乾糧，勉強撐下去……我已經不行了，等賢弟見了楚王，受到重用，再回來將我安葬吧！」羊角哀傷心地說：「哪有這樣的事！我倆雖不是同一父母所生，但是結拜義氣大於骨肉之情，我怎能捨下你而求生呢？」

羊角哀於是扶著伯桃，兩人又走了十里。左伯桃說：「風雪太大，咱們還是找地方歇歇吧！」路邊有一株枯黃的桑樹，大概可以避雪，但樹下只能容納一人，羊角哀便把伯桃扶到樹下。伯桃要羊角哀去找枯枝來生火，但等到羊角哀撿了柴火回來時，卻見伯桃將衣服脫光，將衣物整理在一旁。

羊角哀驚叫：「哥哥你為何要這麼做？」伯桃虛弱的說：「我沒其他辦法了，賢弟就別再推辭，快穿上我的衣服，帶著糧食去楚國吧！我在這裡等死。」羊角哀哭說：「還是讓哥哥你穿我的衣服去楚國吧！我寧願一死！」左伯桃說：「如果我們都死了，誰來為我們安葬？」羊角哀抱著左伯桃大哭：「我怎麼能讓哥哥凍死山中，而獨取功名？我怎麼能作如此大不義之人？就讓我倆同生共死吧！」左伯桃堅持道：「賢弟，你比我年輕，身體比我好，加上所學遠遠超過我；等到你到楚國，一定會受到重用的。我死不足惜，你別猶豫了，快走吧！」說完便全身發冷，只能拚命揮手要羊角哀離開。羊角哀只能跪倒在雪中，哭著對伯桃說：「不肖弟弟離去，他日必定來將哥哥厚葬！」

強忍哀慟的羊角哀，翻山越嶺、飢寒交迫之下，好不容易來到楚國。他豐富的學識和才能，果然受到楚王厚愛，賞賜布帛、黃金，更命他擔任中大夫，設宴款待。

宴席中，羊角哀卻跪倒在地，放聲痛哭。楚王驚問：「愛卿為何如此？」羊角哀於是把左伯桃的事稟告，在座群臣無不潸然淚下。於是楚王追封過世的左伯桃為大夫，派人隨同羊角哀一起將左伯桃厚葬。

所謂「戴仁而行，抱義而處」，不正是指左伯桃與羊角哀這對結義兄弟，令人動容的故事。

身可危也，而志不可奪也

名句的誕生

儒有今人與居，古人與稽；今世行之，後世以為楷；適弗逢世，上弗援，下弗推，讒諂之民有比黨[1]而危之者，身可危也，而志不可奪也；雖危，起居竟信[2]其志，猶將不忘百姓之病也。其憂思有如此者。

～《禮記．儒行》

完全讀懂名句

1.比黨：朋比為奸，結黨營私。

2.信：伸，意為貫徹。

語譯：儒者與同時代的人一起生活，但也考究並效法古人言行；今世的言行風範，成為後代的楷模；若生不逢時，在上者不提拔，百姓不推舉，還有好進讒言、阿諛諂媚又結黨營私的人來危害，即使生命遭受威脅，儒者也不會改變志向；雖然處境危險，仍要在平時貫徹志向，始終不忘百姓疾苦。儒者正是這般憂以天下而忘己。

名句的故事

《論語．衛靈公》記載，孔子說：「志士仁人，無求生以害仁，有殺身以成仁。」意思是說有志氣和仁愛的人，不會為了保全一己生命而危害仁義，反而會捨棄形軀生命來成全仁義。

孟子則云：「生，亦我所欲也；義，亦我所欲也。二者不可得兼，舍生而取義者也。」意思也和孔子一樣。兩位儒家宗師皆表明仁義重於形軀生命，同樣在《禮記‧儒行》中，也傳達相近的看法，即：當一個人心存仁義時，面對形軀生命與仁義兩難的情況，會因為仁義重於形軀生命，故選擇成全仁義。而此時所成就的，便不是一個人的百歲光陰，而是萬代千秋或造福百姓。若從歷史的角度，或較大格局的眼光來看，成全仁義所造就的貢獻，無疑是比一個人的百歲光陰來得偉大。

歷久彌新說名句

文天祥為南宋時期著名的文人，很年輕便得到宋理宗的賞識，在科舉時拔得殿試頭籌，成為政府要員。

宋恭帝時蒙古大軍渡河，文天祥投筆從戎，他散盡家產，招募自願者組成軍隊，反抗由蒙古人所建立的元朝，卻因孤立無援，使得文天祥的起義最終失敗。

就在南宋朝廷不敵蒙古大軍宣告投降後，宋恭帝便被俘虜至元大都（今日北京），南宋許多忠臣擁立當時年僅七歲的宋瑞宗在福州登基，繼續抵抗元朝。文天祥也在抗爭的行列之中，他率領軍隊四處起義抗元，收復十多處失地。

然而好景不長，文天祥的軍隊畢竟寡不敵眾，節節敗退，在撤退途中，遭到元朝將領的突襲。危急之中，文天祥企圖服毒自殺，但沒成功，只是陷入昏迷，昏迷中被元軍俘虜。等他恢復意識，元軍的將領要求他寫信招降南宋大臣，他提起筆，卻寫下：「辛苦遭逢起一經，干戈寥落四周星。山河破碎風飄絮，身世浮沉雨打萍。惶恐灘頭說惶恐，零丁洋裡歎零丁。人生自古誰無死？留取丹心照汗青。」這就是文天祥著名的〈過零丁洋〉詩句。元軍無可奈何之下，將文天祥押解大都囚禁。一囚禁便長達四年，獄中縱使得知南宋流亡政府湮滅，他仍不改最初的志節，寫下另一首千古名篇〈正氣歌〉。

元世祖忽必烈相當欣賞文天祥，曾數次派官員前往獄中遊說，甚至親自召見，勸文天祥投降元朝，但文天祥只道：「一死之外，無可為者。」元世祖又派已投降的南宋官員前往相勸，卻被文天祥痛罵而出；最後派出被俘虜的宋恭帝勸降，文天祥仍然置之不理。

招降不成，元世祖只能宣判文天祥死刑；行刑前，文天祥向南方叩拜後，便從容赴死。

文天祥過世後，妻子替他收屍時，在他的衣帶中發現一張字條，字條上寫著：「孔曰成仁，孟云取義；惟其義盡，所以仁至。讀聖賢書，所學何事？而今而後，庶幾無愧。」一句話說盡了他在國破家亡的危難中，永恆不變的意志。在距離孔子千年後的南宋，文天祥用自己的生命，體現孔門「殺身成仁」、「捨生取義」的精神，以及儒家「身可危也，而志不可奪也」的氣節。

禮之以和為貴

名句的誕生

儒有博學而不窮，篤行而不倦；幽居而不淫[1]，上通[2]而不困；禮之以和為貴，忠信之美，優游[3]之法；慕賢而容眾，毀方而瓦合[4]。其寬裕有如此者。

～《禮記．儒行》

完全讀懂名句

1. 幽居而不淫：「幽居」，閒居；「不淫」，不做邪僻、失當的事。
2. 上通：出仕為官。
3. 優游：悠閒自得。
4. 毀方而瓦合：陶瓦本為圓形，剖為四分，各呈方形，是為毀之為方，復又合而為圓。意為不限於一器之用，而知權變通達。

語譯：儒者的風範是學問淵博但仍好學不倦，切實實踐而不倦怠；閒居在家時不做放逸、邪僻之事，出仕為官時不會喪失道義而致困乏；遵守禮節但卻能以和睦為貴，內心忠誠信實，言行則又悠然自在；心胸敬慕賢人而又能包容大眾，如同陶瓦的使用般，方圓不拘，既不失去節操但又可與世人和諧相處。儒者的寬大和裕即是如此。

名句的故事

在《論語．學而》中，孔子的弟子有子曾說過：「禮之用，和為貴。先王之道斯為美，小大由之。有所不行，知和而和，不以禮節之，亦不可行也。」主旨是說「禮」的制訂、規範，以「和」為貴，但又不能為了求「和」而不以「禮」節導人情。可見「禮之以和為貴」是儒家相當重要的主張。

根據《禮記．儒行》和《論語．學而》裡的這兩句，知道儒家認為人們必須遵守禮節，以免社會失去基本規範，或言行沒有可供依循的準則；然同時禮並不是僵化的教條，而是順應人情與時勢。「禮」與「和」之間應取得平衡，太過偏向一邊，皆非孔子的主張。

歷久彌新說名句

民國初年魯迅在其〈狂人日記〉中，從一位狂人的眼中，描述當時僵化的禮教，將禮教比喻為吃人。

魯迅藉著狂人之口，說：「我翻開歷史一查，這歷史沒有年代，歪歪斜斜的每頁都寫著『仁義道德』幾個字。我橫豎睡不著，仔細看了半夜，才從字縫裡看出字來，滿本都寫著兩個字是『吃人』！」在〈狂人日記〉裡的人，除了狂人，其餘都將「吃人」當作是中國傳統留下來的習俗，早已習以為常。

魯迅以此比喻清末民初時的人，把僵化的禮教視為理所當然，進而憑藉這些禮教做出許多危害人情的事，就如同「吃人」一般。

「吃人的禮教」正是喪失了孔子所提倡的禮之內涵——仁義。孔子所倡之禮，乃是順應人情又能節導人情，合於時勢又不流俗、媚世。然而後人曲解了孔子主張的禮，過度偏向禮之形式這一端，禮之內涵以及「以和為貴」的精神，逐步流失，故產生了魯迅所批判的「禮教吃人」這些現象。

內稱不辟親，外舉不辟怨

名句的誕生

儒有內稱[1]不辟[2]親，外舉不辟怨，程[3]功積事，推賢而進達之，不望其報。

～《禮記．儒行》

完全讀懂名句

1. 稱：稱譽。
2. 辟：同「避」，迴避的意思。
3. 程：計量。

語譯：儒者稱譽人不會迴避自己的親戚，舉薦人也不會避開自己的讎怨，只考慮對方所累積的功績事業，推舉賢能使他們得以通達，且不求回報。

名句的故事

儒者將國家、百姓的安和樂利擺在自己的富貴之前，因此能夠不嫉賢妒才，心胸開闊；而且能真正為國家、百姓著想，故會用心尋求人才，來為國家、百姓做事。

如同「周公吐哺」的典故，周公當時為了接見賢才，就算是正在用膳時也趕緊將口中食物吐出，去接見來訪之賢才，故後世以「周公吐哺」比喻求賢若渴。

稱譽自己的親族，容易讓人認為是任人唯親、結黨營私，但儒者將國家與百姓的利益放在自己名聲之前，因此若自己的親族真有賢德者，他能舉薦而不避親。同理，在外人中，有些可能與自己相交不善的人，但若對方確有才能，儒者也能放下個人嫌隙，推舉對方為民謀福利。

歷久彌新說名句

所謂「內稱不辟親，外舉不辟怨」的故事，在《春秋左傳》所記載的諸侯政務並不少見。例如有一位祁大夫，在先秦時期便是以「外舉不棄讎，內舉不失親」著名，他推薦人才時，往往以賢能與否作為標準，而非個人之喜好或親疏遠近的關係；祁大夫這樣的事蹟，成為後世的楷模。

另外還有一則故事提到：先秦時期，晉國有一塊要地叫「中牟」，當時的國君晉平公希望能有可用的人才來治理這處要地。於是晉平公便問大臣趙武說：「誰有能力治理中牟呢？」趙武恭敬回答說：「邢子可以。」但邢子和趙武之間素來仇恨，晉平公好奇詢問趙武：「邢子不是你的仇敵嗎？」想不到趙武回答：「個人的恩怨不能影響公事。」這裡便可以看出趙武推薦人才時唯才是舉，不被私人情感影響的美德。晉平公接著又問：「那麼，中府的令長也出缺，你認為誰可以擔任呢？」趙武回答：「我的兒子可以擔任。」由於自己的兒子確實具有這方面的政務才能，趙武便如實推薦，並不因為是自己的兒子而有所規避。

所謂「外舉不避讎，內舉不避子」，這句話所蘊涵的，正是對人才的推薦，秉持人才本身的賢能、適任與否做出考量；而非用親疏遠近、恩怨情仇作為評斷標準。

《春秋左傳》中的趙武，由於心中有這樣一個以國家之「公」為依據的判斷標準，而非以一己之「私」作為考量，所以無論推薦仇敵，或是自己的親人，都足以令人信服、敬佩。

苟利國家，不求富貴

名句的誕生

君得其志，苟利國家，不求富貴。其舉賢援能有如此者。

～《禮記．儒行》

完全讀懂名句

語譯：只要能使君王實現治國之志，有益於國家之事，儒者能夠不求富貴地去做。儒者推舉賢能便是能夠如此秉持公心。

名句的故事

許多為官者，在薦舉人才時，往往不是以國家利益、百姓安樂為主要考量點，而是以自身的利益出發。

對方若有利於己，即便庸庸碌碌，仍會舉薦之；若不利於己，即使是才德兼備者，也經常埋沒之。這樣的官員，就是將自身的利益擺在國家之前，所謂的結黨營私，正是指這種人。

一個國家的官員選用、人才提舉，長期如此的話，這個國家必敗無疑，而受苦的依舊是老百姓。因此，孔子勸勉士人應當要有公心，凡事以大局著眼。

全體百姓的福祉比個人的貧富榮辱來得重要，所以只要有益於國家、百姓，就應當努力謀取，只要是真心為民謀福者，自然不會去計較個人的貧富榮辱。

歷久彌新說名句

現代國學大師錢穆曾稱譽孫中山先生，是近代中國第一人，錢穆認為孫中山先生兼具古代所謂的三不朽：立德、立功、立言。

孫中山先生為不再起戰端，使百姓受難，故將總統大位讓給野心勃勃的袁世凱，此一禪讓精神承繼了堯舜兩位聖君的德操，是為「立德」。孫中山先生創立中華民國，對一個民族、國家而言，還有什麼功業比創國更偉大的？此之謂「立功」。而其「立言」方面，錢穆則以《三民主義》為例，《三民主義》乃是孫中山先生薈萃古今中外有關國家發展、政治等之思想的精華，重新鎔鑄而成，為中華民國之創立與發展，提供了深具前瞻性的目標。

單以「立德」為論，正好充分展現了「苟利國家，不求富貴」的精神。倘若孫中山先生當初貪求個人富貴，不願為國家、百姓著想，勢必與袁世凱再燃戰火，又致百姓於水深火熱之中。

孫中山先生正是為國家整體利益，以及百姓安危著想，將個人富貴置之度外，只是後來歷史的演變，不從孫中山先生之願，依舊展開了烽火連天的軍閥割據。

世治不輕，世亂不沮

名句的誕生

儒有澡身而浴德，陳言而伏[1]，靜[2]而正之，上弗知也；麤而翹之[3]，又不急為也；不臨深而為高，不加少而為多；世治不輕，世亂不沮[4]；同弗與，異弗非也。其特立獨行有如此者。

～《禮記・儒行》

完全讀懂名句

1. 陳言而伏：婉轉服順地上陳建言。
2. 靜：同「諍」，規勸。
3. 麤而翹之：麤，音ㄘㄨ，粗的意思；翹，明告。
4. 沮：頹廢陷溺。

語譯：儒者能夠潔身自愛、進德修業，婉轉上陳建言，規勸並端正國君，使國君於不知不覺中改過；若察覺國君有較明顯的過錯，會等待適當時機勸諫，不急切行事；不以位高而自傲，不以略有才而自滿；治世時不輕舉妄為，亂世時不頹廢陷溺；不與認同自己的人結黨營私，也不向反對自己的人非難詆毀。儒者立身行事能如此與眾不同、卓越超群。

名句的故事

「創業維艱，守成不易」，前句指由亂世開創治世是十分艱難，後句則是說要繼承、維持治世也相當不容易。維持治世也需要如開創治世般謹慎，如臨深淵、如履薄冰般小心翼翼處理國家大事，不能輕舉妄為，慎終如慎始，方能守成。

在治世時，因為享有前人奮鬥後的基礎，故容易草率妄作，此時便也易於毀壞根基，所以孔子特別提醒人需要「世治不輕」。而在亂世時，由於所見所聞多是不善的言行，在風氣習染和司空見慣的情況下，自身也容易同流合污，警醒之心不再，故孔子勸勉人們得「世亂不沮」。

歷久彌新說名句

唐代名臣魏徵，在唐太宗李世民發動玄武門之變前，本是太子李建成身邊的幕僚；當時政局不穩，魏徵看見太子建成與二皇子世民之間的衝突日益加深，便預料一場政爭即將展開。當時，他力勸太子先發制人，然而太子並未聽勸。果不其然，不久李世民發動玄武門之變誅殺太子，同年即位，便是開創唐代盛世的唐太宗。

唐太宗即位後，相當賞識魏徵的才能，並未因他是太子幕僚而怪罪，反而拔擢他為諫官，時常召他入朝商量國事。魏徵因為太宗的恩情，更秉持人臣的職責，知無不言、言無不盡；加上生性耿直，遇事往往直言力諫，不因皇帝的權力或當時眾人之言改變自己的堅持。

貞觀六年，群臣請求唐太宗前往泰山封禪，藉此炫耀國家富強與皇帝功業，當時，只有魏徵持反對意見。唐太宗好奇詢問魏徵：「你反對封禪，是因為覺得我功勞、德行都不足，且治國不力嗎？」魏徵恭敬說道：「自從隋末天下大亂後，國力至今尚未完全恢復，前往泰山封禪，舟車勞頓、勞民傷財，如此僅圖虛名而實則受害之事，陛下為何要做？」不久之後，國家突然遭遇水患，封禪之事於是作罷。

魏徵正直敢言，即便太宗大怒之時，他也能犯顏直諫，因此唐太宗對魏徵也頗有敬畏之心。有一次，唐太宗想去山中打獵，整裝待發之際，卻未能成行。改日，魏徵問到這事，唐太宗笑著說：「當初的確有這麼想過，但怕你又要進諫，所以打消出遊的念頭。」又有一次，唐太宗獲得西域進貢的一隻夜鷹，正在逗弄之際，遠遠看見魏徵走來，便趕緊把鳥兒藏在袖袍之中。魏徵早知道皇上袖中藏有夜鷹，故意拖延稟報的時間；等到魏徵終於奏報結束離開後，太宗鬆了口氣，取出袖中鳥兒一看，發現懷中夜鷹早已悶死。

貞觀十二年，魏徵看見唐太宗在國家強盛、富足之後，逐漸怠惰政事，追求奢華享受，於是上疏〈十漸不克終疏〉，列舉唐太宗執政之初到目前的十個態度變化，又上〈十思疏〉，警惕太宗應當居安思危、謙沖自牧。

魏徵一生節儉，為官多年，家中陳設簡單，更無積蓄。待他病逝之時，唐太宗親自前往弔唁，當場痛哭，說道：「夫以銅為鏡，可以正衣冠；以古為鏡，可以知興替；以人為鏡，可以知得失。我常保此三鏡，以防己過。今魏徵殂逝，遂亡一鏡矣。」

改朝換代之際，往往也是由亂而治之時；而國家昇平之際，更是守成不易。若能如孔子所言「世治不輕，世亂不沮」，方可真正成就一番事業。

換成現代的話語，當我們在任何一個工作崗位上，皆要能夠秉持著「世治不輕，世亂不沮」的精神，盡力完成自己應盡的職責。

然而，能夠「世治不輕，世亂不沮」者，往往會與當時流行的言行、風氣迥異；不過此時正需要這種人才，因此即使一時無法顯達，但在日後必定可以一展抱負。

儒有不隕穫於貧賤，不充詘於富貴

名句的誕生

儒有不隕穫[1]於貧賤，不充詘[2]於富貴，不慁[3]君王，不累長上，不閔[4]有司，故曰儒。今眾人之命儒也妄，常以儒相詬病。

～《禮記．儒行》

完全讀懂名句

1.隕穫：隕，墜落；穫，或作「獲」，有所割刈；隕穫，失志的意思。
2.充詘：歡喜失節貌。
3.慁：音ㄏㄨㄣˋ，汙辱。
4.閔：或作「愍」，病。

語譯：儒者不因貧賤墮失志氣，不會因富貴志滿失節，不會辱沒君王，不會連累長輩，不會為難官府，如此而能稱做「儒」。現在許多人所說的「儒」觀念皆不正確，故常用「儒」來相互嘲笑謾罵。

名句的故事

當時因為有太多士人外在的言行、服飾似「儒」，但實際的德性、行為舉止卻與孔子所立的精神相違背，故發展至後來，「儒」反而遭受多方批評，甚至有些儒者成為偽君子，於外標榜自己是君子、儒者，但其實內在儒家精神喪失殆盡。

「今眾人之命儒也妄，常以儒相詬病。」一句，未必真是孔子所說，但可視為是儒門內部的檢討聲浪，這句話即是針對太多偽儒、偽君子而發。

至於「不隕穫於貧賤，不充詘於富貴」這句，則是再三強調儒者的志向、德行、操守，不應隨境遇而有所改變，正如孔子所言：「君子無終食之間違仁，造次必於是，顛沛必於是。」仁義乃是終身奉行，無一刻相違，無論遇到顛沛流離或飛黃騰達的境遇，皆不改其所。

歷久彌新說名句

宋代知名宰相范仲淹，從小父親便過世，母親改嫁朱家，范仲淹跟著改姓朱。等到年紀稍長，明白自己身世之後，便拜別母親，在宋真宗大中祥符四年，進入河南的應天府書院讀書。

《宋史》記載范仲淹當時的苦讀生活：「晝夜不息。冬日憊甚，以水沃面，食不給，至以糜粥繼之。人不能堪，仲淹不苦也。」在冬天疲倦時，甚至以冰水洗臉；由於貧窮，每日僅有稀飯可食。

根據《五朝名臣言行錄》記載：范仲淹當時一天僅有一碗粥，等粥涼了凝固後，畫成四塊，早晚各兩塊，佐以少許醃菜充飢。

大中祥符八年，范仲淹考上進士，毅然決然恢復本姓，並接母親回家奉養。范仲淹獲得官職後，生活依然儉樸，卻十分關心民生疾苦。某年，京東、江淮一帶大旱，並引起蝗災，他上書請朝廷派官員前去處理，卻遲遲得不到回應；於是，他直接對皇帝說道：「若宮中一日無食，會怎麼樣呢？現在災區百姓已經多日沒有糧食了。」宋仁宗這才立刻派遣范仲淹前往賑災。

《宋人軼事彙編》中，記載范仲淹在故鄉蘇州購得一宅院，請人來看風水時，堪輿者說：「這是個風水寶地，必出卿相啊！」范仲淹聽了，便說：「如果真是如此，那我更不敢私藏。」於是便出資將此宅院改建為學校，便是「蘇州府學」。

就在范仲淹回歸故里時，帶了三千匹絹帛，也一併分給鄉里的親族、朋友，他說道：「這些鄉親們看著我成長、讀書，我如何能回報？又如何能獨享富貴？」於是又購得數千畝田地建立「義莊」，造福鄉里。

宋仁宗親政時期，范仲淹擔任右司諫，後來西夏叛亂，與韓琦共同擔任安撫招討副使，邊境甚至有歌謠道：「軍中有一韓，西賊聞之心膽寒。軍中有一范，西賊聞之驚破膽。」並稱范仲淹為「小范老子」，可見其威名。

慶曆三年，范仲淹和韓琦一同上書建議改革，便是著名的「慶曆變法」。

他在名作〈岳陽樓記〉中寫到：「不以物喜，不以己悲，居廟堂之高，則憂其民；處江湖之遠，則憂其君。是進亦憂，退亦憂。則何時而樂耶？其必曰：『先天下之憂而憂，後天下之樂而樂』乎！」一段千古名句，道盡他身為一位儒者，不因個人際遇、貧富、貴賤而動搖的堅持，這便是「儒有不隕穫於貧賤，不充詘於富貴」最好的例證。

君臣正，父子親，長幼和，而後禮義立

名句的誕生

凡人之所以為人者，禮義也。禮義之始，在於正容體、齊顏色[1]、順辭令。容體正，顏色齊，辭令順，而後禮義備。以正君臣、親父子、和長幼。君臣正，父子親，長幼和，而後禮義立。故冠[2]而後服備，服備而後容體正、顏色齊、辭令順。故曰：冠者，禮之始也。是故古者聖王重冠。

～《禮記．冠義》

完全讀懂名句

1. 齊顏色：顏色，容貌表情；齊顏色，使表情嚴肅。
2. 冠：冠禮，古代男子未成年時束髮不戴帽，二十歲成年時由長輩為其梳髮，戴上新帽，此儀式稱為冠禮。

語譯：人之所以為人的原因，在於人能行禮義。禮義的開端，則在於姿勢體態端正、容貌表情嚴肅、語詞言令和順。姿勢體態端正、容貌表情嚴肅、語詞言令和順，禮義方為完備。禮義完備後，才能使君臣相正、父子相親、長幼相和。君臣相正、父子相親、長幼相和，禮義方始立效。因此，行冠禮後服飾才完備，服飾完備後才使姿勢體態端正、容貌表情嚴肅、語詞言令和順。所以說：冠禮，乃是禮儀的開始。因此，古代的聖王都相當重視冠禮。

名句的故事

古代男子二十歲行冠禮後，代表正式為成人，而成人以後，便開始履行一些禮義，不可再像未成年時隨意嘻笑玩鬧。

成年以後，鄉黨中人會以成年人的身分視之，也會依照一定的禮義待之；相對的，自己也得奉行禮義，並以禮義待人。自己需先自重，他人才會重己；自己需先敬人，他人才會敬己。

冠禮的意義在於培養成年人，教育其成年之後必須知行禮義。因為冠禮的舉行具有正式轉變為成年人的意義，而成年人所享有的身分、地位，與之前都不一樣，故所需奉行的禮義也更加完備，因此古人十分重視冠禮，並認為冠禮是一切禮義逐漸完備的開始。

歷久彌新說名句

根據《史記》所記載，劉邦打敗項羽，被擁立為皇帝，建立漢代，是為漢高祖。當時劉邦將秦朝的苛政、禮儀廢除，講求簡易，但卻造成群臣在朝堂上時常「飲酒爭功，醉或妄呼，拔劍擊柱」等，做出許多失禮的行為。

漢高祖看到這番情景，覺得不妥，於是召來叔孫通商量。叔孫通建議：「皇上不如下令重新制訂朝廷禮儀。」漢高祖接納他的建議。於是叔孫通便向當時作為孔子故國、禮儀之鄉的魯國一帶，徵選三十名儒者，一同商議、制訂禮儀。

數年之後，長樂宮落成，漢高祖首度在新宮殿中，運用叔孫通制訂的禮儀，進行新年朝會，《史記》紀錄了當時朝會的盛況：群臣井然有序，依次進入宮殿，按官階、地位高低排列，並依序行禮；所有人無不莊嚴肅穆，整個朝會過程，無人敢喧譁失禮。漢高祖看了十分高興，叔孫通與三十位儒者，皆獲得豐厚封賞。

叔孫通制訂的禮儀，改變了漢代初年文武大臣一片混亂的情況，國家有合宜的「禮」，大臣便端正自身，不再放縱，談論國政自然也更為嚴謹。

一個國家的政府端正言行，那麼百姓便會效法，上自國君，下至黎民百姓，都能之禮義、守分際，那麼國家自然會穩定發展，這便是「禮」之所以能「正君臣、親父子、和長幼」的意義。

值得一提的是：古代所說的「禮」，有兩個層次：一是禮的外在形式，如各種禮儀；一是禮的內在精神，如制定禮儀之依據——禮義。禮義是恆常不變的，而禮儀則必須隨時代、人情種種條件而改變。

「君臣正，父子親，長幼和，而後禮義立」這句話所講的「君臣正，父子親，長幼和」，即是禮義，是制定禮儀的原則。倘若一套禮儀制定出來，無法達到「君臣正，父子親，長幼和」，甚至使君臣相亂、父子相惡、長幼相賊，那麼，這便是一套失敗的禮儀。是以，儒家強調禮義重要的同時，也提倡禮儀需以時為變、以和為貴。

孝弟忠順之行立，而後可以為人

名句的誕生

成人之者，將責成人禮焉也。責成人禮焉者，將責為人子、為人弟、為人臣、為人少者之禮行焉。將責四者之行於人，其禮可不重與？故孝弟[1]忠順之行立，而後可以為人；可以為人，而後可以治人也。

～《禮記．冠義》

完全讀懂名句

1.弟：通「悌」，敬愛兄長。

語譯：欲為成人，需要求他行成人之禮。欲要求他行成人之禮，得要求他學會作人子、作兄弟、作人臣、作晚輩的禮節。欲要求他學會這四種身分的禮節，這成人之禮可不莊重謹慎嗎？當具備孝順父母、友愛兄弟、忠君愛國、順和長輩四種德行後，才真正懂得做人並屬於成人；懂得做人後，才有辦法治理別人。

名句的故事

儒家認為人之所以為人，關鍵不在於擁有人的形軀，而是人格。唯有具備人格，方稱得上是人，尤其是成人。而人格的內涵，落實於日常生活當中，即是佳句所言的孝、悌、忠、順四種德行。若無法具備這四種德行，在儒家看來，便不夠資格稱為成人。

另一方面，這四種德行，只要是處在人際關係中，就都可以做得到。換言之，這四種之所以為人的標準，不是以學歷、財富、外貌等外在標準來衡量。後者那些外在標準，各有後天的侷限，不能以此來評定一個人的人格，但名句中這四種德行，卻是人人可行的，如此方能成為衡量人格之標準。

所以，一位身無分文卻具備孝、悌、忠、順四種德行的人，遠比家財萬貫、有權有勢，卻不知孝、悌、忠、順的人，其人格高尚許多。

歷久彌新說名句

舜，正是具備孝、悌、忠、順四種德行，以大家耳熟能詳的事蹟為例。

舜的父親瞽叟和後母，偏愛舜的弟弟象，舜不僅毫無怨言，仍舊孝順父母。此外，象與母親屢次設計陷害舜，舜避過劫難後，只要象來找他，舜依然親近象。後來舜的孝悌之名遠播，傳到當時的君王堯的耳中，堯嫁女予舜，並委派重任給舜，舜都能克盡職責，忠順君上，由此奠定了日後堯傳位予舜的基礎。

正因為舜具備了孝、悌、忠、順四種德行，知道如何為人子、為人弟、為人臣、為人少者，所以當他後來登上大位後，也就清楚眾官員、百姓的心，瞭解他們如何人子、為人弟、為人臣、為人少者，明白如何治理國家、百姓，也因此造就了太平盛世。

這正是「孝弟忠順之行立，而後可以為人；可以為人，而後可以治人也」最佳典範。

好學不倦，好禮不變

名句的誕生

序點[1]又揚觶[2]而語曰：「好學不倦，好禮不變，旄期[3]稱道不亂者，不[4]，在此位也。」

～《禮記．射義》

完全讀懂名句

1.序點，或作徐點，人名。
2.揚觶，揚，舉；觶，音ㄓˋ，飲酒器具。
3.旄期，旄，通「耄」，音ㄇㄠˋ，指約八、九十歲；期，一百歲。
4.不，通「否」。

語譯：序點再次舉起酒杯宣告：「愛好學習而不倦怠，愛好禮樂而不改變，到了八、九十歲，甚至百歲都能奉持正道而不惑亂的，有這樣的人嗎？有的話請留在這裡。」

名句的故事

有一次孔子在矍相舉行射禮，旁觀者如堵牆般圍繞著。孔子分別請子路、公罔之裘和序點三人宣告大眾。

第一次是子路，他說：「敗軍之將、亡國的大夫、求作他人繼嗣者，均不得進入，其餘進來。」於是一半的人離開，一半的人進入。

第二次是公罔之裘，他說：「幼年和壯年時孝順父母、友愛兄弟，六、七十歲時好禮且不隨波逐流，至死都修身自持的，有這樣的人嗎？有的話請留在這裡。」於是又有一半的人離開，一半的人留下。

而序點的宣告即是最後一次，留下的人就又更少了。後代有學者懷疑這段記載並非出自孔子之口，因為其要求對常人而言太高，但我們可從中看見儒家的修養進程是無止盡的，以及透過射禮選賢與能的用意。

歷久彌新說名句

清代吳敬梓在著名小說《儒林外史》，寫了一則元代末年的故事：

故事的主人翁名叫王冕，住在諸暨縣的鄉村裡；從小家裡十分窮困，父親在他七歲左右過世後，母親便靠著微薄的針黹收入養家，並提供王冕上學堂讀書。王冕十歲時，母親把他叫到跟前來，說道：「孩子，不是我有心要誤你，你父親過世後，家裡的東西能當的當了、能賣的賣了，我一寡婦人家，只靠一些針黹工作，實在無法繼續供你唸書……沒法子，我替你安排了替隔壁家放牛，每個月還有一點銀子，也有現成的飯吃，明天就要過去了。」王冕聽了便安慰母親道：「娘說的是，我在學堂裡坐著也悶，不如替人家放牛，也樂得快活；如果要讀書，還是可以帶幾本書去讀。」

隔日起，王冕便替隔壁秦家放牛，黃昏便回家，偶爾秦家有些醃魚、臘肉之類的送給他，他也會用荷葉包好交給母親。而每天的點心錢，他不隨意花用，存了一、兩個月，便會偷空到學堂邊，一旦遇到賣書人，就買幾本舊書在放牛時閱讀。

彈指三、四年過去，王冕讀了不少書，也越來越明白事理。就在一個炎炎夏日，突如其來一場大雨過後，雲霧散去，天空綻放光芒，湖畔一片通紅；而湖中有十多支荷花，花苞上含著清水，荷葉上水珠滾來滾去。王冕看著，心想：「古人說，『人在畫圖中』不就是這麼回事？可惜沒有一個畫畫的人，把這荷花之美給畫下來。」轉念一想：「天下哪有學不會的事？我何不自己來畫？」

從此，王冕便將存下來的錢，託人從城裡買些胭脂鉛粉，學著畫荷花。一開始畫得不好，但是畫到三個月以後，那荷花精神、顏色，無一不像，便彷彿是湖裡長出來的一般，又像是剛從湖裡摘下來，貼在紙上的。村人看到王冕荷花畫得好，開始有人拿錢來買畫，王冕便拿賣畫的錢買些東西孝敬母親。就這麼一傳十、十傳百，整個諸暨縣都知道王冕是個畫「沒骨花卉」的名家，爭相來買。直到王冕十七、八歲以後，不必在秦家放牛了，王冕便每日畫一些畫，讀讀書，母子兩人不愁吃穿，母親心中也十分歡喜。這是一個好學的孩子，靠自己的力量無師自通且學有所成的例子。

「好學」，是儒家相當重視的一項品德，然而所謂「好學」，在儒家而言，並不只是指知識上的學習而已，更代表一種道德的學習、品德的修養。

《論語．陽貨》記載一段孔子與子路的對話，孔子教授子路何謂「六言六蔽」，其中便十分強調「好學」的重要。孔子這麼說：「好仁不好學，其蔽也愚；好知不好學，其蔽也蕩；好信不好學，其蔽也賊；好直不好學，其蔽也絞；好勇不好學，其蔽也亂；好剛不好學，其蔽也狂。」好仁、好知、好信、好直、好勇與好剛這六種皆是值得稱許的品行，可是，如果缺乏後天的學習，這六種品行不依循中和之道而行，則各自容易產生相應的缺點。

由此可見，有良好的質地，若缺乏後天的教養、學習，也無法使先天善根正向發展；而學習的內容，當然離不開具體的生活禮節了。

君子戒慎乎其所不睹，恐懼乎其所不聞

名句的誕生

是故，君子戒慎[1]乎其所不睹，恐懼乎其所不聞。莫見[2]乎隱，莫顯乎微，故君子慎其獨也。

～《禮記．中庸》

完全讀懂名句

1. 戒慎：警戒謹慎。
2. 見：音「ㄒㄧㄢˋ」，顯。

語譯：所以，君子在人們看不到的地方會心懷警戒謹慎，在人們聽不到的地方也常覺得惶恐畏懼。沒有比身處隱暗之處更暴露，也沒有比細微之事更顯著的，所以君子於獨處時特別謹慎小心。

名句的故事

此選自《禮記．中庸》第一章，為子思傳述孔子思想的涵義，並以此作《中庸》。首先說明道的本源出自於天且不可隨便改易的，事實上道體是我們本身所具備且不可離開的；其次說明「存養省察」功夫的要點，最後則提到「聖神功化」的極致。

這些都是作學問的人，反求諸己才悟出的道理，重點是除去由外界的引誘而產生的私欲，充實那些源出於天性的善良本質。因此，若要實現以上的部分，最基本的功夫就是從自己做起，也就是如上所述，在人們看不到的地方要常心懷戒慎恐懼，因為越是獨處時，細微、隱暗的事物會特別顯著。

這裡所說個人涵養的功夫，主要為造就君子德行的方法，在文中從上天賦與人的本質說起，說明依順本性而形成的各種規範即為道，而且這個道是我們片刻也不能離開的。因此，若要成為君子則必須修道，而修道的方法，就從本身做起；從這段話，我們可以瞭解到中庸思想的實踐，其實只要從生活中的小事慢慢做起，也不要想從外界掠取欲念或奢求他物，讓自己保持無欲無求的狀態，就能漸漸朝君子或聖人的境界接近。

歷久彌新說名句

這段話的意義，重點在於強調「慎獨」的功夫，關於此觀念，歷朝歷代已有許多人加以討論，並以此作為終身努力的目標。

《資治通鑑．漢紀》中有一位東漢清官楊震即是如此堅守「慎獨」的人，並因此說了一句「天知地知，你知我知」的名言。

故事大意為楊震欲前往東萊郡時，路過他所薦舉的昌邑縣令王密之處並於附近留宿，晚上時，王密帶著十斤黃金想要送給楊震，楊震卻說：「故人知君，君不知故人，何也？」王密回答：「暮夜無知者。」楊震則回應：「天知，地知，我知，子知，何謂無知者！」因此王密只好慚愧地帶走禮物。楊震清廉的形象與嚴守品德的行為，正是符合此段文句，說明一個人在幽微暗處更應謹慎維持自己的品德操守。

而宋代朱熹也曾探討過這句話的意思，他提出：「君子慎其獨，非特顯明之處是如此，雖至微至隱，人所不知之地，亦常慎之。小處如此，大處亦如此，顯明處如此，隱微處亦如此。」更進一步說明君子對行為言語的謹慎，不僅小處如此，於大處或人多明顯的地方更應遵守，而這亦是道德修養的關鍵，藉由謹守本分著手，然後修練、鍛鍊自己，以成為能成就大事業的聖人君子。

發而皆中節，謂之和

名句的誕生

喜怒哀樂之未發[1]，謂之中；發而皆中節[2]，謂之和。中也者，天下之大本[3]也；和也者，天下之達道也。致中和，天地位[4]焉，萬物育焉。

～《禮記・中庸》

完全讀懂名句

1. 發：發動、產生。
2. 中節：合乎節度，無過或不及的意思。
3. 大本：天下的理，皆源於此，也就是天下萬物的自然本性。
4. 位：安居正位。

語譯：喜怒哀樂的情緒、情感還沒發動之前，心是平靜的，稱為「中」；如果情感發動都能合乎節度，沒有過或不及的程度，稱為「和」。中，是天下萬物的自然本性；和，是天下萬物共行的大道。能完全達到中和的地步，天地一切便可各安其所，萬物能各遂其生。

名句的故事

此段選自《禮記・中庸》第一章，為子思傳述孔子思想的精神，並以此作《中庸》。

首先說明道的本源出自天，不可隨便更動，事實上道體也是我們本身就具備且不可分離；其次說明「存養省察」功夫的綱要，最後則提到「聖神功化」的極致。

在這一篇章，子思由上天賦予的本質開始

談起，接著說明我們都應依循本性來規範自身的行為舉止，並接受各種軌範措施的教化，這就是所謂的道，這也是我們片刻不能離開的。所以不論處於何地或獨處時，都應特別謹慎小心，這是對於外在行為的規範，而內在情緒的規範，即為「中和」。

「中和」，亦屬於中庸，對於人的內心情感，這裡明白指出喜怒哀樂的情感，在心中未發動前，叫做中，是宇宙萬物的自然本性；發動以後都合乎節度，叫做和，亦是宇宙萬物共行的大道。最後目的是完全達到中和，然後天地可各安其所，萬物能順遂生長。

而情緒發動後皆合乎節度，為最困難的部分，也是聖人君子終身努力的目標；其實就是待人接物時，能不被情緒左右而看不清事物原貌，甚至作了錯誤決定，影響蒼天百姓，違反天道運行的道理，這觀念也與《論語》對於《詩經》的高度評價相似，其中提到的「關雎，樂而不淫，哀而不傷。」這與情緒必須達到中和的目的是一樣的。

歷久彌新說名句

前面提到「中和」為聖人君子終身努力的目標，是故，從上古時期的《尚書》就提到：「人心惟危，道心惟微。惟精惟一，允執厥中。」這是舜傳授大禹的修心之法，說明民心是難以安撫的，道統的思想是微妙幽深，想要傳承道統的精髓，最獨一無二的方法，就是遵從中庸之道。

這是因為人心對欲望的追求易產生貪嗔痴愛的情緒，甚至會危害天所賦予的至善本性，從而泯滅良心，喪失判斷是非的理智，一念之差，即造成終身悔恨。

因此，上古之時，已有睿智遠見的舜已看出其中關鍵，進而提出「允執厥中」的方法來預防。

《後漢書．陳寵傳》亦有此想法，陳寵對於皇帝更改審理案件的時節，後又旱災肆虐，提出萬物有其生長順序，若逆天而行，將造成災害，因而上言：「陛下探幽析微，允執其中。革百載之失，建永年之功，上有迎承之敬，下有奉微之惠。」皇帝馬上接受陳寵的建言，而不再更改。

甚至到了幾千年後的明代方孝儒也提出此想法，他說：「聖人之道，中而已矣，堯、舜、禹三聖人為萬世法，一『允執厥中』也。」以上在在說明，不論從小處個人情緒的修養或統治國家之法則，其重點皆於不偏不倚、順應宇宙運行的作為，進而達到中和、中庸，以此君主就能建立萬年的聖功偉業。

上不怨天，下不尤人

名句的誕生

在上位不陵[1]下，在下位不援[2]上。正己而不求於人，則無怨。上不怨天，下不尤[3]人，故君子居易以俟命[4]，小人行險以僥幸[5]。

～《禮記．中庸》

完全讀懂名句

1. 陵：欺侮。
2. 援：攀附。
3. 尤：怨恨之意。
4. 俟命：等待天命。
5. 僥幸：不正當的利益。

語譯：處上位者不欺侮下位的人，處在下位的人不攀附上位者。只要自己立身端正，不求靠他人，就不會有什麼埋怨。上不怨恨天，下不歸咎他人。所以君子能安心居於平易的地位等待天命的到來；小人卻要冒險求得不正當的利益。

名句的故事

此段出自《中庸》第十四章，為子思說明不可離道之意義。首先他以君子為例，強調人應依自身的地位去行事，而非貪慕分外的事；然後再舉身處貧窮、富貴、夷狄或是患難環境為例子，說明君子無論在什麼地方或境遇，都應守道安分，而且能悠然自得。因此必須先端正自己而不求靠他人，也就不會有什麼怨懟。所以不怨恨上天，不歸咎他人；而君子與小人的差異就在此，因為君子能安心居於平易的地位，等待天命到來，小人冒險妄求非份的利益。最後，子思引用孔子所說的「射有似乎君子，失諸正鵠，反求諸其身。」更進一步說明君子做人的道理，就像射箭一樣，射不中靶心，就要反過來苛求自身的功夫。

從以上得知，其實這篇章中子思的思想主旨在於「求諸己」，因為不論外在環境如何變化，或者是否能達到功成名就的地步，縱然有其外在因素的影響，但是，最重要的功夫，就是鍛鍊自身的實力。正如現代人常說的一句話「機會是留給準備好的人」，若是本身沒有足夠的實力，又如何能謀求展現才能的時機，而讓自己有發光發熱的一天。

歷久彌新說名句

遇到挫折除了「上不怨天，下不尤人」，還能反省自己並責求自身，是需要多大的修養與豁達的心胸啊！

宋代的范純仁與蘇軾可謂最佳典範。當范純仁年屆七十高齡的時候，當時的宰相章惇，把元祐年間曾經擔任過宰相的重要大臣，全部都放逐到嶺南地區；范純仁也是其中的一位，他接到朝廷的命令，立即欣然的動身前往嶺南。然而范純仁仍不忘教誨他的兒子們：「心中不可存有一點點的不平啊！」只要他聽到孩子們稍有埋怨章惇的話語，就一定會很生氣的制止。而坐船前往嶺南的路上，不小心在江中翻覆了，不過幸好，他只是弄濕了衣服而已，這時候他回頭對孩子們說：「難道船翻了，也是章惇害的嗎？」

另一位中國文學史上頗負盛名的蘇軾，亦有與范純仁相似的際遇，他因為烏臺詩案受到牽連，連連被貶，甚至最遠還被貶到當時蠻荒之處的海南島，是否能保全性命，安然再度回到京師都是問題，但他仍保持曠達，他被貶到黃州的第三年，就已寫了一首〈定風波〉，詞中的「回首向來蕭瑟處，歸去，也無風雨也無晴」，最能表達其心境。若是我們能明白他們樂天知命的精神並加以運用，而在逆境中處之泰然，也就沒有怨天尤人的情況。

道不遠人，人之為道而遠人，不可以為道

名句的誕生

道不遠[1]人，人之為道而遠人，不可以為道。詩云：「伐柯[2]伐柯，其則[3]不遠。」執柯以伐柯，睨[4]而視之，猶以為遠。故君子以人治人，改而正。

～《禮記．中庸》

完全讀懂名句

1. 遠：離開、遠離。
2. 伐柯：伐，砍。柯，斧柄。
3. 則：法則、標準。
4. 睨：音ㄋㄧˋ，斜視。

語譯：中庸之道是離人不遠的，如果有人運用中庸之道卻遠離人，那就不能稱之為道。

《詩經》中說：「手執斧砍斷木頭作成斧柄，新斧不過是從舊斧之柯，而得到新柯的法則。」若是拿著舊斧的形狀來製作另一個新斧，斜著眼睛看，還是覺得相差很多，那是偏差錯誤的。所以君子只是拿能知能行本身本有的道理作為法則，去教導別人，讓他改正就可以了。

名句的故事

此出於《中庸》第十三章，主要說明中庸之道是離人不遠的，而求道的關鍵處在於人平時的作為。

因此在這裡孔子先以《詩經》的：「伐柯伐柯，其則不遠。」為例，再運用於君子治理人民的方面，強調治理的要訣為以人民本身所

知且有足夠能力的道理作為法則，然後教導他們，使他們能夠改正就可以了。

除此之外，亦需注意忠恕之道，正如孔子於《論語．衛靈公》中所說的：「其恕乎！已所不欲，勿施於人。」或是《論語．雍也》：「夫仁者，己欲立而立人，己欲達而達人。能近取譬，可謂仁之方也已。」其實以上的精神是一致的，也就是我們常聽到的「推己及人」，若是治理國家，則應該為人民著想，甚至苦民所苦，然後制定對人民有益的政策。

在此之前，君子必須先要求自己的作為，對此，孔子提出四點君子做人做事的準則，一為自己未能做到的事，怎能祈求子女事奉父母該做哪些事？二為自己未能作到的事，怎能要求臣子事奉君王該做到哪些事？三為自己還未做到的事，怎能要求弟弟敬愛兄長該做到哪些事？四為自己為能作到的事，怎能希求朋友之間應該做到哪些事？這些都是人與人相處所應該自我省察的功夫，也是君子應該努力實踐的。

歷久彌新說名句

這段話強調道不遠人，但必須先端正本身的行為舉止，既使為治理國家的君主也應有這樣的觀念，如此才能達到以身作則、上行下效的作用，才是國家安和樂利的最佳途徑。

唐代為中國歷史上興盛的大一統時代，其間不得不提到頗負盛名的唐太宗。太宗把國家治理得很出色，絕對少不了賢能臣子的幫忙，大家第一個想到的就是魏徵，殊不知另有張玄素，也帶給唐太宗很大的幫助。

貞觀四年，唐太宗下詔重修洛陽宮乾陽殿。張玄素認為此舉不妥，他諫言：「秦朝滅亡在於用暴力征服天下，故君子應該勤儉節約，然後以身作則，親力親為的實踐，國家才能安定。如今陛下卻大興土木，損害百姓，此過失已大大的超越隋煬帝。」太宗不悅地說：「你說我不如隋煬帝，那和無道之君桀、紂相比又如何？」張玄素回答：「要重新修殿，將會導致和桀、紂一樣的禍亂。我曾聽說洛陽剛平定時，太上皇要將過度奢侈的宮殿燒毀，當時陛下卻說磚瓦木材可用，應賜給百姓，天下百姓都讚頌陛下的德行。如今不過五、六年的時間，陛下卻作了錯誤的決定，百姓又會如何評價你呢？」太宗聽了這番話，放棄重修宮殿，還賞賜張玄素，表彰他的直言進諫。

魏徵聽了張玄素的勸諫，讚嘆：「張玄素談論天下事，真是有回天之力，可說是仁人之言啊！」

張玄素以「以身作則」為中心，提醒太宗為君之道，讓我們對於中庸之道不遠離人，主要在於本身行為的說法有更深的體驗。

君子之道，辟如行遠必自邇，辟如登高必自卑

名句的誕生

君子之道，辟如行遠必自邇[1]，辟如登高必自卑[2]。詩曰：「妻子好合，如鼓瑟琴；兄弟既翕[3]，和樂且耽；宜爾室家，樂而妻帑[4]。」子曰：「父母其順矣乎！」

～《禮記・中庸》

完全讀懂名句

1. 邇：近。
2. 卑：低。
3. 翕：音ㄒㄧˋ，合。
4. 帑：音ㄋㄨˇ，兒子，或是妻與子之統稱。

語譯：君子的道，就好比走遠路，必須從近處開始；又好比登高山，必須從低處開始爬。《詩經》上說：「妻子兒女感情和睦，像彈琴瑟一樣的和諧。兄弟感情投合，和樂融融。使你的家庭和順融洽，你的妻子兒女也快樂。」孔子讚美說：「這樣的話，他的父母一定也很順心樂意了。」

名句的故事

本則名言的主旨為說明成就君子之道，是有其前後次序的，務必先從家庭慢慢做起，然後再漸漸擴大至外處。因此文中，首先提到君子之道，如同走路一樣，必定從近的地方開始走，然後才能走到遠的地方。而登高處亦是，需先從低處開始走。

以上的敘述皆是為了引出《詩經》中：「妻子好合，如鼓瑟琴；兄弟既翕，和樂且

耽；宜爾室家，樂而妻帑。」這段話，說明妻子兒女感情和睦，像彈琴一樣協調，兄弟能融洽歡樂，如此家庭相處和睦，妻子兒女能快樂，若能做到這些方面，父母也會順心如意。

我們可發現，在孔子的思想中，除了強調端正自身的行為舉止，以修養品德，進而達到中庸的境界，重視家庭讓妻子兒女歡樂融洽、父母稱心樂意更是不可或缺的部分，也是最基本的一環。

長久以來「百善孝為先」更是儒家大力提倡的觀念。加上《孝經》開宗明義即說：「身體髮膚，受之父母，不敢毀傷，孝之始也；立身行道，揚名於後世，以顯父母，孝之終也。夫孝，始於事親，中於事君，終於立身。」在在都是突顯注重家庭、孝順父母的重要性，而一個成功人士的背後，必有家庭作為堅強又溫暖的後盾，並不只是口號而已，早在千年以前至聖先師就提醒了我們。

歷久彌新說名句

萬惡淫為首，百善孝為先。對於孝順父母，孔子亦提出許多方法，如子夏問孝，孔子回答：「色難。有事，弟子服其勞；有酒食，先生饌曾是以為孝乎？」又如：「事父母幾諫，見志不從，又敬不違，勞而不怨。」說明孝順從和顏悅色對待父母，若發現父母有過錯，態度仍須恭敬委婉，這些看似容易，卻是我們平常不容易做到的小動作。

在南齊書的〈傅琰傳〉中描述傅琰於南北朝時，是以明察清廉救民於水火的好官，曾經有賣針與賣糖的老婦爭奪團絲，兩人都堅持團絲是自己的，傅琰不發一語燒團絲，發現裏面有鐵屑落下，因而證明團絲是賣針婦人的。另一事記載：傅琰早年遭母喪，某次鄰家失火，延燒至傅家，傅琰仍抱著母親的靈柩，不敢離開。直到鄰居來救援，傅琰和母親的遺體才僥倖俱全。可見傅琰對母親的重視與珍惜，而傅琰的行為正符合「求忠臣於孝子之門」的精神，弘揚了孔子的思想。

仁者，人也，親親為大

名句的誕生

故為政在人，取人以身，脩身以道，脩道以仁。仁者，人[1]也，親親為大；義者，宜也，尊賢為大。親親之殺[2]，尊賢之等，禮所生也。

~《禮記．中庸》

完全讀懂名句

1. 人：人性或人倫。
2. 殺：等差的意思。

語譯：統理政治，在於能得人才；選取人才，仰賴於本身的修養；修養本身，仰賴人道的闡明；闡明人道，則仰賴於人心的發揮。所謂人，就是人性的表現，其中以親愛自己的親人最重要；所謂義，就是合宜、適當的行為，其中以尊重賢人最重要。但是親愛親族有親疏遠近的差異，尊重賢人也有高下的等級，禮就因此而產生。

名句的故事

這段話為孔子告訴魯哀公為政之道，其重點在於選取人才、修養自身，履行五達道、三達德；並且言明治天下國家，能夠遵照九條法則來進行。所謂的「五達道」指的是五倫，也就是君臣有義、父子有親、夫婦有別、長幼有序、朋友有信。「三達德」即為「智、仁、勇」。孔子所說的九條法則為修養自身、尊重賢人、親愛親族、禮遇大臣、體恤群臣、愛民如子、招徠百工、撫卹從遠方來的人、以德感服務諸侯國。若統治者遵照以上原則來統治國家，國家定能長治久安。

由此可見，孔子的思想以「仁」為出發點，由個人本身進而推展到治理國家的方式；也就是先修養自己的品德與親愛自己親人，與人相處時能設身處地為對方著想，做事為自己也為他人考慮，做到了和諧融洽即是仁的表現。然後再將此觀念推舉到政治方面，統治者除了建立政策法令外，應該擁有愛護人民之心；所擬定政策，應該站在人民的角度思考，然後實施適當的政令，讓百姓安居樂業、國家安和平順，這些以仁為基本點，再向外拓展並一環扣著一環，形成一個理想的國境，其實也是儒家對統治者的期許。

歷久彌新說名句

中國歷史上以仁義為本的君王，最為人所知的是蜀漢的劉備。劉備著名的事蹟有「桃園三結義」、「三顧茅廬」等，皆能彰顯劉備能廣納且尊重賢才，才能創造三國鼎立的局面。其實他的人格特質，包含了儒家所提倡的仁、義、信的仁者風範與領導風格，而能受到百姓的愛戴，這些都是促成劉備成功的重要因素。

《三國志．先主傳》有一則故事更可證明劉備的特點。曹操對荊州發動戰爭，擔任州長的劉琮為保全性命而歸降，且未事先通知劉備，於是劉備只好獨自面對曹操的攻擊。但是兵力差距懸殊，只好帶著人民、部眾逃亡，然而有作戰能力的士兵過少，加上百姓為數眾多；若要擺脫曹操的追擊，必須加快行軍速度。有人建議劉備放下百姓，先行逃亡。劉備則回答說：「夫濟大事必以人為本，今人歸吾，吾何忍棄去！」說明做大事需要獲得民心的支持，現在他們歸順我，我怎能拋棄他們呢？完全展露劉備設身處地為人著想，將〈中庸〉的「仁」、「親親」擴大，從本身、親族再擴大到百姓。

最後，劉備於臨終前告誡兒子劉禪：「勿以善小而不為，勿以惡小而為之。」表示劉備注重個人品德的修養和推己及人的處事原則。

國家將興，必有禎祥；國家將亡，必有妖孽

名句的誕生

至誠之道，可以前知：國家將興，必有禎祥[1]；國家將亡，必有妖孽[2]。見乎蓍龜[3]，動乎四體[4]。禍福將至，善，必先知之；不善，必先知之，故至誠如神。

～《禮記．中庸》

完全讀懂名句

1. 禎祥：吉祥的預兆。
2. 妖孽：凶禍的前兆。
3. 蓍龜：蓍，音ㄕ，草類。蓍草、龜甲皆為古人占卜問吉凶的工具。
4. 四體：四肢。

語譯：誠到了極點的作用，可以預知未來的事物：國家將達到興盛之時，必定有吉祥的徵兆；國家走到將滅亡的時候，必定會有凶禍的預兆。顯現在蓍草與龜甲上，表現在四肢的舉止儀態上。禍福將要來臨時，是福，可以預先知道；是禍，也可以預先知道，所以至誠的人就如同神明一樣。

名句的故事

此選自《禮記．中庸》第二十四章，為子思闡述至誠的人，定能以清明之心預知未來的事。所以國家將來的走向是興盛或衰敗，一定先有吉兆或小人得勢的不同情況發生，而這些也會顯現在用來占卜的蓍龜卦象上，或表現在四肢舉止威儀上。

《論語．述而》亦說：「君子坦蕩蕩，小

人常戚戚。」正如這句話所說的一個人的行為舉止能表現自身的品德修養，而君子與小人的差別在於，君子因為心胸平坦寬廣而能豁然開朗，其行為就能坦蕩自在；但小人因為心術不正而行為多邪曲或言行不一，因此從小地方的動作、眼神就能得知他人的德行，這些再運用於天下國家的治理亦如是，若君主是至誠的人，就能分辨忠奸，否則國政被小人掌控，就算有再好的根基，國家必定迅速滅亡。

而在《史記．楚元王世家》太史公亦提到：「國之將興，必有禎祥，君子用而小人退。國之將亡，賢人隱，亂臣貴。」與《中庸》此段文句的主旨相同。在清朝有三大明君，為康熙、雍正、乾隆，他們在位時創造了清代百年的盛世，然而乾隆卻因為寵信富可敵國的和坤，造成國勢由此而衰，甚至一蹶不振，加上西方列強炮槍猛烈的侵略，人民生靈塗炭，最後只能割地賠款，可見君主是否擁有至誠之明，對於國家社會有舉足輕重的影響。

歷久彌新說名句

中國的歷史，隨著改朝換代經常分分合合，其中朝代興衰固然有其天災或人禍的因素，但幾千年來，大部分國家的衰敗都與君主之作為有關，其中君主能否分辨小人饞言或忠言逆耳，歷史上不斷重演忠臣與奸臣的較勁，昏庸的皇帝只能受奸臣擺弄，往往造成國破家亡的結果。宋代的敗亡也是相同的原因。

宋高宗建立南宋政權，此時出現兩位歷史上有名的人物，即對立的秦檜與岳飛。

當時宋高宗的父兄徽宗、欽宗被金所俘虜，後金兵又攻擊南宋，高宗只好逃到臨安，岳飛不畏強敵，一面抵擋一面與金兵作戰，先後六次交鋒，皆獲得勝利，而郾城大捷後，岳飛又奮勇前進，勝利在望時，高宗和秦檜連下十二道金牌強令岳飛退兵，據說退兵之時，哭聲盈野。

岳飛回到臨安時，高宗與秦檜為向金兵求和而賣國苟安，至於為何要退兵呢？傳說是高宗欲避免北伐成功，「還迎二聖」，而影響他的龍位。岳飛被權力薰心的宋高宗，加上唯利是圖秦檜，以「莫須有」的罪名殺害，英勇的民族英雄就此殞落。

若非身為一國之君的高宗如此奸邪，南宋或許會有更強大的一天。此亦如「國家將亡，必有妖孽」，其妖孽或為秦檜，也有可能是宋高宗。

道也者，不可須臾離也，可離非道也

傳述孔子思想的意涵，並以此作中庸。首先說明道的本源出自於天且不可隨便改易的，事實上道體是我們本身就具備且不可離開的，正如宇宙萬物順其自然運行之道而生長；其次說明「存養省察」功夫的綱要，最後則提到「聖神功化」的極致。

所謂的道，於儒家而言，是宇宙運行的道理，而人生於世，有善惡之分，但對於儒家而言強調的是「人性本善」，也就是孟子說的：「人之所以異於禽獸者幾希；庶民去之，君子存之。」

所謂的人性本善是指人有四端：惻隱之心，仁之端也；羞惡之心，義之端也；辭讓之心，禮之端也；是非之心，智之端也。人之有是四端也，猶其有四體也。

名句的誕生

天命之為性，率性之謂道，修道之謂教。道也者，不可須臾離也，可離非道也。

～《禮記．中庸》

完全讀懂名句

語譯：上天所賦予人的本質叫做性，遵循本性而形成的各種軌道叫做正道，修明循乎本性的正道，使一切事物都能合乎正道，即為教化。這個正道，是人們片刻也不能離開的，如果可以離開，那就不是道了。

名句的故事

此句選自《禮記．中庸》第一章，為子思

因此培養君子的方法，就是依照其善良本性，循循善誘將其行為與思想還原至上天所賦予的本性，所以並不用向外求取，是向內，也就是透過自身省察的功夫，故孔子也說：「仁遠乎哉？我欲仁，斯仁至矣。」可見「道」，是我們片刻也不可離開的，因為只要從內心求取，仁就會到來。《周易》的「天行健，君子以自強不息。」說明天的運行剛強勁健，故君子應該剛毅堅卓、發憤圖強，與天一樣運行不已，然後才能達到神聖功化的境界。

歷久彌新說名句

誠如以上所言，做人處事都需要順應上天的道並依其本性，此為追本溯源的基本功夫，也說明了不論行大事或小到只是生活小事都有其運轉的步驟。而「揠苗助長」的故事亦可運用於此，孟子以揠苗助長說明浩然正氣需要靠平常累積正義而產生，並非唾手可得。

宋國有一位農夫，常擔心秧苗長不大，就把田裡的秧苗都拔高一些，然後他疲倦的回到家並告訴家人：「今天真是累死我了，我幫秧苗長高了。」他的兒子一聽，急忙跑到田裡一看，發現那些秧苗全都枯死了。

晉人陸機的〈文賦〉提到「按部就班」，正好可與「揠苗助長」相對應，他認為提筆寫作之前，須有整體的構思，「然後選義按部，考辭就班」也就是說依照事先的佈局、層次來行文，才能完成文章。後來「揠苗助長」與「按部就班」都成為我們生活上常用的成語，且其意義、範圍更漸漸擴大，用來比喻做事按照一定的步驟循序漸進的執行。

不論是君子修養品德或培養國家的統治者，總是要從他們的行為舉止開始要求，然後學問、執行力等等。如孔子曾說：「不學《詩》，無以言。」這是為什麼呢？因為「誦《詩》三百，授之以政，不達；使於四方，不能專對，雖多亦奚以為？」可見其不只在於教育，而是以後的治理國家、外交應對等方面皆可運用，但是需切記「欲速則不達」。

凡事豫則立，不豫則廢

名句的誕生

凡事豫[1]則立，不豫則廢；言前定，則不跲[2]；事前定，則不困；行前定，則不疚[3]；道前定，則不窮。

～《禮記．中庸》

完全讀懂名句

1.豫：預先準備。
2.跲：音ㄐㄧㄚˊ，言語受阻而不通暢。
3.疚：愧疚、後悔。

語譯：做任何事情之前，預先有準備就可以成功，沒有準備就會失敗。說話事先有準備，就不至於言語不通順而受阻。做事預先有準備，就不會遭遇困難。行為的步驟能事先定奪，事後就不會有愧疚悔恨。做人的道理能事先有定則，就不至於行不通。

名句的故事

此選自《禮記．中庸》第二十章，其篇旨在於孔子告訴魯哀公為政之道，其重點為取人修身，履行「君臣、父子、夫婦、昆弟、朋友」五達道，也就是我們常說的「五倫」，另有「知、仁、勇」三達德；然後再進一步說明治理天下國家有「修身、尊賢、親親、敬大臣、體群臣、子庶民、來百工、柔遠人、懷諸侯」等九經之法，而這些方法都在於「至誠」，在於「豫前謀之」。

雖然以上提出許多與治國相關的方針，有關於個人或是與他人相處應有的方式，但孔子仍認為這些必須建立在預先準備的基礎上。凡事若能事先縝密的思想，然後仔細計畫籌備，最後再盡全力的執行，有了這些按部就班的步驟，相信很多事情都能達到事半功倍的效用，甚至困難的地方也都能迎刃而解。

台灣因其地理環境之故，常受颱風等自然災害的侵襲，然而現今科技如此先進發達，預測颱風的走向、風速或是雨量等，皆是輕而易舉的工作；面對颱風，我們所能作的不就是檢查門窗、儲備糧食，盡量別到海邊等注意事項，有了這些事先準備的動作，就能將傷害降到最低，《中庸》的道理「凡事豫則立，不豫則廢」其實在平常的生活中也能如此運用的。

歷久彌新說名句

事前準備的功夫，能運用在各方面的事物上，小至考試、工作，大至治理國家等等，而歷史人物有許許多多以不同的才華而聞名於世，他們的成功絕非偶然，事先的準備與努力練習絕對是不二法門。

「書聖」王羲之，無論是各書體皆能博采眾長，自成風格。尤其是著名的〈蘭亭集序〉，書寫節奏的跌宕變化、行氣佈局如行雲流水，成為後世寫字之人書寫臨摹的典範。偉大的發明家愛迪生曾言：「成功是一分天才加上九十九分的努力。」王羲之在書法上面卓越的表現固然有著天分的因素，但是主要還是基於平時的努力和鑽研。王羲之常常在家中後院的池塘邊練習寫字，每次寫完後，就在池塘裡面洗毛筆和硯臺。久而久之，整個池塘的水由清澈轉為烏黑，成為有名的「墨池」。對於書法所下的苦功不只如此，王羲之即使沒有拿毛筆書寫字體時，也常常在腦中揣摩著字體的結構和行筆的方法。由於對書法的喜愛和勤奮的苦練，造就了有名的書法家。

無論為學還是做任何事情，必定要有萬全的準備，王羲之在書法造詣上的精深和成功正是平時一點一滴的練習所累積，才能達到爐火純青的境界。因此「凡事豫則立」，反之則會窒礙難行。

好學近乎知，力行近乎仁，知恥近乎勇

名句的誕生

好學近乎知，力行近乎仁，知恥近乎勇。知斯三者，則知所以脩身；知所以脩身，則知所以治人；知所以治人，則知所以治天下國家矣。

～《禮記．中庸》

完全讀懂名句

語譯：喜愛研究學問就接近智了，能夠努力行善便是接近仁，知道什麼是羞恥便是接近勇。知道這三點（好學、力行、知恥），就可以知道如何修養自身；知道如何修養自身，就知道如何管理眾人；知道如何管理眾人，就可以知道怎麼治理天下國家了。

名句的故事

儒家認為「智、仁、勇」三達德，是天下人所共有的德行，其目的是用來實行「誠」而已。對此《論語．子罕》提出更進一步的解釋，其說到：「知者不惑，仁者不憂，勇者不懼。」明白指出智的最高境界為不惑；仁的最高境界為不憂；勇的最高境界為不畏懼。

這些是成為聖人君子極高的境界，且非常難以達到，但是亦可透過後天修養來達成，等到真正瞭解做人的目的時，便會因自我要求而提升心性、提高智慧，進而坦然面對人生的波折，不再庸人自擾，而能鍛鍊出無畏的勇氣面對周遭的困頓與考驗。

若統治者能擁有上述的條件，除了修養本

身讓自己達到聖人的境界，對於治理天下國家也會有更寬廣的遠見，然後國家才能有永續發展的未來。

歷久彌新說名句

清朝的康熙可說是中國歷史上少數擁有治國才能與高度智慧的君主，雖然清朝以外族之姿入主中原，但康熙仍努力學習中華文化與經典，並親身實踐、發揚光大。

康熙曾對諸臣說：「朕常想到祖先託付的重任。對皇子們的教育早早就做起，不敢忽視怠慢。尤其天未亮之時，就親自檢查督促課業，令他們一一背誦經書。至於日偏西方之時，還必須習字、習射，復講至於深夜；自春開始，直到歲末，皆無曠日。」因此康熙之後的子孫，雍正、乾隆等皇帝，亦能功績顯赫、見識不凡，對於文藝也有深厚的基礎。

康熙的《庭訓格言》收錄許多他教導後代子孫的訓言，例如治理國家應有的態度「以德服人者，心悅而誠服也」、做人處事的道理「仁以萬物唯一體，惻隱之心處處發現」，或是自我省察「大凡能自任過者，大人居多也」等不同方面的告誡，其實亦不離儒家的中心思想——仁。

在「大凡能自任過者，大人居多也」的部分，康熙提到人都會有過失的，只是往往不願意主動正視並承擔責任。康熙皇帝則表示自己平常與人閒聊因遺忘而錯怪他人，察覺之後，一定會主動承認錯誤，因為他認為能主動承認過失又承擔責任的人，需要很大的勇氣，這些大多是德行高尚的人才能做得到。

身為一國之君的康熙能夠如此實踐，無怪乎能成就一番大事業，成為後世敬仰的明君。

君子和而不流

名句的誕生

故君子和而不流[1]，強哉矯。中立而不倚，強哉矯。國有道，不變塞焉，強哉矯。國無道，至死不變，強哉矯。

~《禮記‧中庸》

完全讀懂名句

1. 和而不流：指與人和平相處而不隨流俗轉移。

語譯：所以君子與人和平相處卻不同流合污，這是多麼堅強啊。遵守中庸的道理而不偏倚，這是多麼堅強啊。國家政治步上軌道時，並不改變困窮時的操守，這是多麼堅強啊。國家無道的時候，等到面臨死亡時也不改變平生的志節，這是多麼堅強啊。

名句的故事

本則名言為孔子回答子路「何謂強」？首先，孔子反問子路，他所問的對象是指南方人、北方人，還是問自己的強呢？然後孔子再一一分析前面所指的對象，他們到底哪一方面比較強；如南方人的強在於能以寬宏容忍的道理教誨人，能忍受別人的無理欺侮且不報復，君子亦安於此道。而北方人則強於能隨身披戴刀劍盔甲，戰鬥到死也不厭倦，有勇好鬥的人則安於此道。

這些不過是強的一般程度而已，最後孔子提出應以中庸之道為待人處事的基礎，才是真正的強。

在孔子的認知，以寬大柔和、不報復別人的態度，或終身一直保持戰鬥之心的人，皆比不上操守中庸之道的君子，其關鍵在於君子不論身處和平之際或國家禮崩樂壞之時，都能固守其節操，且不會被混濁黑暗的人事所影響。這似乎與屈原〈漁父〉中所說的「舉世皆濁我獨清，眾人皆醉我獨醒。」有類似的情境。

屈原是位忠君愛國之人，因奸臣讒言的陷害，讓他被迫流浪到其他地方，身處異地的屈原仍不時關心國事，卻無法報效國家又無志同道合之人，最後只得悲痛的抱著大石頭，投江自盡。因此，與人和平相處要不同流合污，需要多大的勇氣與智慧，雖然屈原終究失敗，但終生未改志節，也是多麼堅強啊！

歷久彌新說名句

歷史中不乏堅持自我的志節與理想，而不願媚俗上位者的文人，他們以儒家思想來自我期許，雖然歷經千辛萬苦，其心志依然屹立不搖，獨自與世俗對抗，除屈原之外，後代亦有周敦頤傳承其精神。

在〈愛蓮說〉裡，作者周敦頤首先點出「陶淵明獨愛菊」和「世人盛愛牡丹」，突顯出自己對於蓮花的傾慕之情。陶淵明歸隱田園，遠離世俗紛擾，菊花代表著他不向世俗妥協的品格；而牡丹自唐朝以來，由於富貴人家爭相寵愛和購買，成為趨炎附勢的象徵。蓮花沒有菊花的逃避現實，也無牡丹的追求富貴，表現的是在紅塵俗世中仍能堅持操守的精神。

周敦頤在文章中描寫蓮花「出淤泥而不染，濯青漣而不妖；中通外直，不蔓不枝；香遠益清，亭亭淨植，可遠觀而不可褻玩焉」。他指出蓮花在惡劣環境中仍能潔身自愛，不會媚世隨俗，正直的行為和德性的高潔如同芬芳香氣一樣散播各地，感染他人。如同君子似的「和而不流」的品德，讓人敬仰而不敢輕慢玩弄。

周敦頤透過對蓮花的讚頌，暗示了「君子」為理想的人格，表現了對於君子高尚情操和正直品格的仰慕。能夠堅守正道且不同流合汙的人值得我們學習！

博學之，審問之，慎思之，明辨之，篤行之

名句的誕生

博學之，審問[1]之，慎思[2]之，明辨[3]之，篤行[4]之。有弗學，學之弗能弗措[5]也；有弗問，問之弗知弗措也；有弗思，思之弗得弗措也；有弗辨，辨之弗明弗措也；有弗行，行之弗篤弗措也。

～《禮記．中庸》

完全讀懂名句

1. 審問：詳細的求教。
2. 慎思：謹慎的思考。
3. 明辨：明白辨別。
4. 篤行：切實的身體力行。
5. 措：廢置。

語譯：要廣博的學習，詳細的去請救，謹慎的思考，明白的辨別，切實的去實行。除非不去學習，既然學習，學不到學識淵博則不放棄；除非不問，既然去請教，不問到徹底明白則不放棄；除非不想，既然思考，不想出道理來則不放棄；除非不分辨，既然分辨，不分辨到明白則不放棄；除非不實行，既然實行，不實行到切實的地步則不放棄。

名句的故事

關於研究學問的方法，孔子提出許多見解，例如「為學不但要博學多聞，尤在能一以貫之」、「溫故而知新可以為師矣」、「學而不思則罔，思而不學則殆」都一再強調為學應該要守約施博，不要只專注書本裡面的知識而

已。

這段話為孔子告訴魯哀公為政之道，但為政的好壞亦與個人涵養有關，此部分就需要藉由讀書來加強補充，畢竟書中記載著許多前人的經驗可供參考，況且學海無涯，在每日孜孜不倦的努力與日積月累的學問，不只讓自己的學問更上層樓，對於施政也會有極大的助益。

身為一般百姓的我們，雖不用治理天下國家，亦能運用孔子作學問的方法，讓自己的課業或工作有更多的進步。

歷久彌新說名句

在《論語．公治長》裡記載：「子貢問曰：『孔文子何以謂之文也？』子曰：『敏而好學，不恥下問，是以謂之文也。』」孔文子是春秋衛國的大夫，孔子的學生子貢認為孔文子不應取「文」這個謚號，於是詢問孔子原因。

孔子的回答是因為孔文子「敏而好學」且「不恥下問」，天資聰穎又勤奮努力向學，即使向地位比自己低的人求教也不會感到羞恥。從這裡可以瞭解到孔子的論學之道。

孔子曾經為了讀《周易》，將編聯竹簡的繩子磨斷了許多次，這就是後世所說的「韋編三絕」，他也曾問禮於老聃，訪樂於萇弘，虛心求教；在教導弟子時也秉持著「不憤不啟，不悱不發」的啟發式教育，注重學思並重、自動自發的學習態度。

另外，顧炎武的《日知錄》則取名自《論語》中子夏所言：「日知其所亡，月無忘其所能，可謂好學也已矣。」此書為顧炎武三十餘年的讀書心得，包括了廣博的學問與精湛的知識見解，可見其亦是奉孔子的求學態度為圭臬。

古人尚且明白此理，何況是讀聖賢書、鑽研學問的莘莘學子呢？對於學問，唯有秉持著博學、審問、慎思、明辨和篤行這五種為學之道，才能夠勵精圖治，慢慢步向為學的金字塔。

動而世為天下道，行而世為天下法

舉止可以世世成為天下人的常道，他的作為可以世世成為天下人的模範，他的言語可以世世成為天下人的準則；距離很遠則非常仰慕他，接近他卻不會感到厭惡。《詩經》上說：「在那裡沒有人厭惡，在這裡也沒有人厭惡，幾乎他都能早晚努力不懈，永遠保有美好的聲譽。」君子沒有不照這樣做的，而能早早在天下享有美譽的。

名句的誕生

是故君子動而世為天下道，行而世為天下法，言而世為天下則[1]；遠之則有望，近之則不厭。詩曰：「在彼無惡[2]，在此無射[3]；庶幾夙夜，以永終譽。」君子未有不如此而蚤[4]有譽於天下者也。

～《禮記．中庸》

完全讀懂名句

1.則：準則。

2.惡：厭惡也。

3.射：音ㄧˋ。厭惡也。

4.蚤：通「早」。

語譯：因此，統治天下的君王，他的行為

名句的故事

此出自於《禮記．中庸》第二十九章，為子思說明居上不驕之義理，其中他分成在位者與不在位者兩方面來討論。

首先，在位者即統治天下的君主，於治理國家時有三項重大的事項，分別為議禮、制度、考文，如果能做好這三項，那就少有過錯，國家也可以達到長治久安的狀態；而不在位的聖人君子則應立德成道，早晚努力不懈地修養自己，然後明道以教人。

子思從這兩方面說明「居上」，也就是成為典範應有的行為與態度，然而，兩者事實上大同小異，差異只在是否為在位者，不論君王或聖人君子最後都應回歸為以中庸之道修養自身，然後成為天下人的模範，藉由此章節我們可看到儒家所建構理想中的聖人典範，以臻至完美的境界。

文中更提到統治國家的法制應先查證考究夏、商、周三代王者的法制，與天地之德沒有相違背，並且質問於鬼神也沒有疑慮，這才是合乎天理；另外，也應該等到百世以後的聖人也不會疑惑，這才是順應人的情理。以上兩點也同時考量當時的時代背景、價值觀與是否禁得起時間考驗這幾個面向，是提供成德修道之人，作為省察自己修習的標準。

綜觀以上思想，其實最重要的關鍵在於「求諸己」，也就是「成德在己身」的中心思想。

歷久彌新說名句

中國歷史上的仁德之君，從上古的堯舜禹，到後來的漢文帝、唐太宗或是清聖祖等等，他們共同的特徵在於皆能敬天順道，實行仁愛，惠澤八方，使天下百姓生活安康，百業隆昌，促使天下各國歸順，四海景仰。

他們能體現仁德的精神，也就是能從反求諸己為起點，然後擴大到推己及人，因而能成為人民愛戴的聖君明主。

以漢文帝為例，在對待百姓方面，他以仁為本，不時思考百姓受到的疾苦。漢文帝認為，法令是治理國家的準則，是用來制止殘暴的行為，引導人們向善的工具。

既然犯罪的人已經伏法治罪了，就不應該株連他們無辜的父母及其他親人，況且法令公正無私，百姓亦會忠厚，所以判決是否得當就取決於能否讓百姓心服口服，因此他廢除施行多年的連坐法。

另外，漢文帝藉著立皇后之時，賞賜天下無妻、無夫、無子的窮困百姓，以及八十歲以上的老人，不滿九歲的孤兒，給每人帛、肉和米等，希望天下孤獨貧窮的百姓也能稍稍享樂，此推己及人，與民同樂的舉動，正如「人饑己饑，人溺己溺」的精神，在自己享受歡樂時，亦能想到正在受苦的百姓，並有作出有實際幫助的措施。

文帝，能以智慧來處理政事，以愛心來對待天下子民，「動而世為天下道，行而世為天下法」，因而造就漢朝的盛世。

人一能之，己百之。人十能之，己千之

名句的誕生

人一[1]能[2]之，己百之。人十能之，己千之。果能此道[3]矣，雖愚必明，雖柔必強。

～《禮記．中庸》

完全讀懂名句

1. 一：一遍，以下的「百」、「十」、「千」與此相同，皆為次數的意思。
2. 能：能夠、學會。
3. 道：方式。

語譯：別人學習一次就會，我就學一百次。別人學習十遍就會的，我就學一千遍。一個人如果能依照這樣的方式去學習，即使是笨拙的人也會變聰明的，即使柔弱的人，也會變得剛強。

名句的故事

此選自《禮記．中庸》第二十章，文章的主旨在於孔子告訴魯哀公為政之道，其重點為取人修身，履行「君臣、父子、夫婦、昆弟、朋友」五達道，也就是我們常說的「五倫」，另有「知、仁、勇」三達德；然後再進一步說明治理天下國家有「修身、尊賢、親親、敬大臣、體群臣、子庶民、來百工、柔遠人、懷諸侯」等九經之法，而這些方法都在於「至誠」，在於「豫前謀之」。

關於努力不懈的故事，我們耳熟能詳的大概就是「愚公移山」吧！因為出入被高山擋住，人們每次往北走都要繞很遠的路，所以年近九十歲的愚公與家人商量要剷平這座山，雖然有人笑愚公太不自量力，況且以他的年紀又沒什麼氣力，怎能搬走這麼多土石呢？愚公則回答說：「就算我過世了，還有我後代無盡的子子孫孫，而山又不會長高，我有什麼好擔心挖不平呢？」這故事用於鼓勵人們面對困難，要有挑戰的恆心與毅力，事情終會有解決的一天。另外，滴水可穿石、皇天不負苦心人均能用來勉勵人們勤奮努力。不論求學、為政等事，只要不斷努力，終會成功。

歷久彌新說名句

「鐵杵磨成繡花針」的故事可以說明這個道理。傳說詩仙李白小時候十分調皮，不愛念書，成天閒晃。在風光明媚的一天，李白又到處遊逛的，突然，他看見一個滿頭白髮的老婆婆，把一個鐵杵放在石板上磨。李白問道：「老婆婆，您在做什麼？」老婆婆道：「我要把這根鐵杵磨成一根繡花針！」李白驚異地看著老婆婆，大笑道：「哈哈，老婆婆，您別說笑了！這麼粗的鐵杵要哪時才能磨成細細的繡花針啊？何況您的年紀這麼大了，這樣不是很辛苦嗎？」老婆婆態度堅定回答：「滴水可以穿石，為何鐵杵不能磨成繡花針呢？我年紀雖大，但是只要有恆心，並且堅持到底，我相信沒有做不到的事情。」李白聽了很慚愧，從那以後，他發憤圖強、認真學習，再也沒有逃過學，終於成為名垂千古的大詩人。

李白日後學問淵博、文采綽約，都是由於他本著剛強的毅力和恆心，因自身的天分與後天的努力，才讓後人見識到他的才華以及千苦不朽的名詩。

李白的這番成就與努力的心境可供我們作為模範，不管做任何事情若能秉持著毅力和恆心，沒有事情做不成的。

天無二日，土無二王，家無二主，尊無二上

名句的誕生

子云：「天無二日，土無二王，家無二主，尊無二上，示民有君臣之別也。春秋不稱楚越之王喪，禮君不稱天，大夫不稱君，恐民之惑也。」

～《禮記．曾子問》

完全讀懂名句

語譯：孔子說：天空沒有兩個太陽，地上沒有兩個君王，一個家沒有同時兩個人作主，最受尊敬的對象不會同時有兩個，這是對人民表示君臣是有所區別的。《春秋》書中不稱楚國、越國的君王過世為「喪」，而稱「卒」，在禮節上，各國諸侯不可以稱為天，各國大夫不可以稱為君，就是害怕人民會感到疑惑而有所誤會呀！

名句的故事

儒家是非常重視名位身分的學派，認為凡事都必須講求名正言順，所以孔子曾說：「必也正名乎。」又說：「君君、臣臣、父父、子子。」這樣的思想甚至被後來的荀子繼承，於是出現了專門討論名位身分的〈正名〉。

總而言之，子思要強調，無論在天地之中，還是國家與個人，上下尊卑的等級都必須區分好，不能同時出現兩個領導者，否則秩序就會混亂崩解，人民就會迷惘而不知所措。

這樣的思想完全體現在孔子所作的《春秋》當中。由於孔子心中只認定周王，因此當

他藉《春秋》以褒貶當時的政治人物，我們可以看到明明已經稱王的楚國和越國，在《春秋》裡卻被稱為「楚子」與「越人」。這正是因為孔子害怕讓人民感到疑惑，所以對於名份會特別講究與要求的緣故。

歷久彌新說名句

周朝建立之初，天下尚未安定，而周武王卻已經重病難治了，然而成王年幼，因此太公、召公等大臣都很擔憂。

不久之後，周武王病逝，他將政權託交給弟弟周公旦，並且吩咐他輔佐年幼的成王。

周公旦接掌大權之後，開始攝理國事、處理政務，但是同樣身為周武王弟弟的管叔、蔡叔感到相當不服氣，認為周公一定別有所圖，因此會同商王遺族武庚起兵反叛。周公奉了成王之命，討伐他們，並且誅殺武庚，流放了管叔、蔡叔，又收服殷族遺民，耗費三年才使得天下安定。

後來周公輔佐成王，直到成王長大，就將政權交還給成王，然後自己再回到群臣的位置當中。

周公的作為即是努力維護天下只能有一個君王的原則。雖然他接受了周武王遺命，擁有治理天下的大權，但是周公不曾想過自立為王，甚至在管叔、蔡叔會同武庚叛亂時，仍然是尊崇成王的名號，以當時的君王之名出兵平叛。

周公種種行動，都是要昭顯一件事情，那就是周朝只有一個君主即是成王，唯有維護成王的名號，人民才不會感到迷惑，天下才不至於崩潰。正因如此，周公才會成為孔子同時也是儒家所標榜的理想政治人物。

貧而好樂，富而好禮

名句的誕生

子云：「貧而好樂，富而好禮，眾而以寧[1]者，天下其幾[2]矣。」

～《禮記．坊記》

完全讀懂名句

1. 寧：相安無事。
2. 幾：很少。

語譯：夫子說：「貧窮卻能夠感到快樂，富裕卻能謙恭好禮，家裡人口眾多卻能相安無事，像這樣在世界上應該很少吧！」

名句的故事

《禮記．坊記》一般被認為是孔子之孫子思所作，因此這篇文章繼承了孔子以來的儒家思想，而儒家也是春秋時代最講求禮儀的學派。

儒家早在孔子時代就非常強調「安於貧窮」與「富而好禮」的思想，子貢曾問孔子說：「貧窮而不會去諂媚他人，富裕而不會感到驕傲，這樣的人如何？」孔子就回答：「可以。但是不如身處貧窮卻仍然感到快樂，富有而懂禮節的人。」不僅如此，最得孔子欣賞的顏回，正是貧而樂的最佳典範。孔門除了有顏回這樣貧而好樂的典範之外，同時也有如子貢這樣富而好禮的人，雖然子貢在當時富可敵國，不過仍然以最恭謹的禮儀侍奉孔子，更在孔子死後堅持完成守喪三年的禮節。由此可見，子思在〈坊記〉會這麼說是其來有自的。

歷久彌新說名句

《史記．貨殖列傳》記載，春秋時期的范蠡是協助越王勾踐復國的最大功臣，也是著名的大商人。

他在勾踐復國之後並沒有擔任高官要職，而是坐著小船飄遊在大江湖泊之上，到了陶國改名叫「朱公」。

陶朱公認為陶國居於天下中央，因此利用地理位置之便，任用賢人，經商致富，更壟斷居奇、投機逐利，於是在十九年間就三次賺得千金財富，他年老力衰時，由子孫繼承他的事業，不斷生財，然而陶朱公並沒有將這些財富囤於家中，反而是分送給他貧窮的朋友和遠房親戚。這就是所謂的富而好禮，因此後世只要說到富豪，都會推崇陶朱公。

至於說到安貧樂道，最具代表性的人物就是東晉詩人陶淵明。陶淵明許多著名詩文皆是書寫貧困生活中的情趣，這裡介紹一首較不為人知的飲酒詩：「顏生稱為仁，榮公言有道。屢空不獲年，長饑至於老。雖留身後名，醫生亦枯槁。死去何所知，稱心固為好。客養千金軀，臨化消其寶。裸葬何必惡，人當解意表。」陶淵明舉出顏回、榮啟期作為安貧樂道的典範，指出兩人之所以忍受這種飢餓，為了就是圖一個心安，世間上的名利、外在的禮節都只是浮雲，唯有從這些外在物質中解放出來，他的心才能得到真正的自由，而內心的理想也才能獲得滿足。這首詩正是陶淵明超脫貧窮，追求內心安樂的最佳寫照呀！

君子貴人而賤己，先人而後己

名句的誕生

子云：「君子貴人而賤己，先人而後己，則民作讓。故稱人之君曰君，自稱其君曰寡君[1]。」

～《禮記．坊記》

完全讀懂名句

1.寡君：寡德之君。古人對自己國家君王的謙稱。

語譯：夫子說：「君子總是使他人感到尊貴而讓自己顯得低下，先想到他人才想到自己，那麼人民也會懂得禮讓。所以稱呼他國的君王叫做君，稱呼自己國家的君王為寡君。」

名句的故事

這段文字是在強調禮讓的重要，尤其是君子作為國家的領導人，若能先做到貴人而賤己，先人而後己，那麼人民自然也會習得禮讓之風。

在儒家思想中，禮讓是君子之道的內容之一，孔子曾生動描述過君子之爭的場景，他說：「君子沒有什麼好爭執的，如果一定要爭執的話，那大概就是射箭了！射箭者互相行禮辭讓才登上射台，比賽完之後下了射台則互相敬酒，這樣的就是君子之爭了吧。」可見在孔子的想法中，君子之爭的真正精神就是禮讓。

這種禮讓精神雖然《論語》提的不多，但是到了孟子時，甚至認為「辭讓之心，禮之端也」由此可見，在儒家的想法裡，辭讓正是禮制最根本的發端。那麼我們也不難想像子思在討論君子帶領國家時，為什麼會特別強調貴人賤己，先人後己的精神了。

歷久彌新說名句

談到禮讓故事，最著名的自然就是「孔融讓梨」。孔融，字文舉，東漢曲阜人，是孔子的第廿世孫，泰山都尉孔宙的次子。

孔融七歲時，某日，正值祖父的六十壽誕，賓客盈門，此時有一盤酥梨置於壽台上，母親要孔融將梨分給大家，於是孔融便按照長幼次序一一分配，直到每個人都得到屬於自己的那份梨之後，孔融才將最小的梨拿走。父親看到這個情景感到很驚奇，便問道：「其他人得到的梨都那麼大，為什麼只有你的那麼小？」孔融從容地回答說：「樹有高低，人有老幼，敬老尊長，是為人的道理呀！」父親聽完之後感到相當喜悅。

孔融少時因為這件事情，得到很大的名氣，日後他步入政壇，管理當時黃巾賊最盛行的北海郡，得到很多人的讚賞，甚至被稱作「孔北海」。

後來曹操挾天子以令諸侯時，孔融先後擔任大匠、少府、太中大夫等職，但始終不願意屈服於曹操的威逼，最後終被曹操所殺。

孔融從小就懂得貴人賤己，先人後己的精神，而日後的成就也證明了他的確是個謙謙君子。

君子辭貴不辭賤，辭富不辭貧

名句的誕生

子云：「君子辭貴不辭賤，辭富不辭貧，則亂益亡[1]。故君子與其使食[2]浮[3]於人也，寧使人浮於食。」

～《禮記．坊記》

完全讀懂名句

1.亡：無也。

2.食：泛指功名利祿。

3.浮：超越、勝也。

語譯：孔子說：君子能辭讓顯貴而不辭讓卑賤，能辭讓富裕而不辭讓貧窮，不爭權奪利，世道的紛亂自然會消失。所以君子與其讓自己的俸祿超過其才能，反而寧可使才能超越應得的俸祿。

名句的故事

春秋時代的儒家雖然主張君子應該出來擔任官職，以達到兼善天下的理想，不過在功名利祿和才能名聲兩方面，孔子始終強調君子為人名聲的重要。

孔子曾說：「富與貴是人們所想要的，但不是以正道獲得，就不願意處於富貴；貧與賤是人們所厭惡的，但不是以正道脫離，就不會輕易離開貧賤。」又說：「君子害怕終生的名聲與事實不符。」由此可見，儒家從孔子開始就多麼重視君子的名聲。

因此子思在這樣的基礎上，再一次討論君子面對功名利祿與個人名聲之間該如何抉擇。

畢竟儒家不像道家那樣將利祿看作浮雲，而是在正道之下可以勇敢追求的事物，只是在追求功名利祿之前，更需要看重的是個人名聲，而在成就自己的好名聲之前，君子自然要以更寬廣的心態來面對貧賤。

歷久彌新說名句

春秋時期，晉國有一位臣子名叫介之推。晉國驪姬之亂時，介之推追隨公子重耳出奔，一日他們在山中迷路，身邊沒有糧食，眼看公子重耳餓得頭昏眼花，介之推便毅然決然割下自己的大腿肉讓重耳充飢，重耳見到此景自然是感激萬分。

十九年後，公子重耳順利回到晉國當上國君，就是著名的晉文公。晉文公歸國之後，對當年曾追隨他出奔的臣子論功行賞，偏偏獨漏介之推。

介之推本來就不願接受功名，於是與母親一同隱居山林。直到晉文公經人提醒而回憶起此事，決定請介之推接受封賞時，卻遭到他的拒絕，晉文公甚至為了逼迫介之推下山，心想他是個孝子，為了母親安危一定會下山的，於是下令放火燒山，卻仍不見介之推的蹤影。等到火勢稍減，命人上山察看，才發現介之推與母親相擁而死。

晉文公傷心欲絕，更悔恨自己的魯莽，便下令每年在介之推死的那一日，不准生火煮食，只能吃冷食，以紀念這位捨身相救的臣子，這就是寒食禁火的由來，而介之推這種堅決不接受富貴的態度，正是所謂的君子呀！

善則稱人，過則稱己

名句的誕生

子云：「善則稱人，過[1]則稱己，則民不爭。善則稱人，過則稱己，則怨益亡[2]。」

～《禮記．坊記》

完全讀懂名句

1. 過：過失

2. 亡：通無，即消失意。

語譯：夫子說：「提到善事就稱揚別人，論及過錯就強調自己，則人民就不會爭奪。提到善事就稱揚他人，論及過錯則強調自己，那麼就更能使怨恨消失了。」

名句的故事

「善則稱人，過則稱己」在《禮記》中有一系列的說明，除了本句之外，還可以看到：子云：「善則稱人，過則稱己，則民讓善。」子云：「善則稱君，過則稱己，則民作忠。」子云：「善則稱親，過則稱己，則民作孝。」

由此可見，有美善之事要先稱揚對方，有過錯之事要先強調自己，這樣的態度是儒家認為所有美好德性的開端。

這種凡事都為他人著想，犯錯立刻反省自己的精神也可以在《論語》看到，例如：曾子曰：「吾日三省吾身。」同時也從反面提到孔子認為「君子惡稱人之惡者」，又說「君子求諸己，小人求諸人」。

子思在這樣的思想精神下，進一步將「善則稱人，過則稱己」的原則發揮到君臣之道以及孝道裡。

作為臣子，有美善之事時就要稱揚君王，這才稱作忠；作為子女，當有美善之事時就要稱頌父母，這才稱作孝。

子思用這樣的大原則，貫串治民、為人、盡忠與盡孝，可以說是典型儒家精神的再發揮。

歷久彌新說名句

北宋名臣范仲淹，字希文，從小生活困苦，但為學不輟，長大後創建睢陽學舍，講學論道，吸引不少學生前來拜師。

范仲淹一生為人純樸敦厚，又有誠信，樂於助人，凡是遇見可能成為賢者的人才，便毫不猶豫地支援對方，使他們能夠專心向學，因此造就了不少重要學者，像是理學大師張載就是受到他的支持。

范仲淹節義廉明，他的幾個兒子也受到這樣的薰陶，其中又以次子范純仁最得乃父之風。

在范純仁擔任官員的生涯中，曾遭到幾次政敵的攻擊，但依舊以忠恕待人，能夠維持如此風度的原因，正是他常用「以責人之心責己，以恕己之心恕人」的精神來面對生活，正是因為有這樣的繼承人，范家自范仲淹以來賢良家風歷久不衰。

范氏父子的作為，正是符合本則名句所謂「善則稱人，過則稱己」的精神，正是因為他們總能見到他人美善之處，並檢討自己不足之處，畢生維持良善敦厚的人格，才能在這千百年的歷史洪流中始終令人稱揚不已呀！

國家圖書館出版品預行編目資料

中文經典100句——禮記／文心工作室編著. -- 初版. --
臺北市：商周出版，城邦文化出版：家庭傳媒城邦分公司發行；
2011.01　面：　　公分.--（中文經典100句；25）

ISBN 978-986-120-505-2（平裝）

1.禮記　2.注釋

531.22　　　　99024970

中文經典100句25

禮記

總 策 畫／季旭昇教授
編　　著／文心工作室（林世賢、張書豪、黃碧玉、黃庭頎、陳殷宜、許敦迪、徐玉珍、魏旭妍）
責任編輯／謝函芳

版　　權／翁靜如、葉立芳
行銷業務／甘霖、蘇魯屏
總 編 輯／楊如玉
總 經 理／彭之琬
發 行 人／何飛鵬
法律顧問／台英國際商務法律事務所 羅明通律師
出 版 者／商周出版
城邦文化事業股份有限公司
台北市104民生東路二段141號9樓
電話：(02) 25007008　傳真：(02)25007759
Blog：http://bwp25007008.pixnet.net/blog
E-mail：bwp.service@cite.com.tw
發　　行／英屬蓋曼群島商家庭傳媒股份有限公司城邦分公司
台北市中山區民生東路二段141號2樓
書虫客服服務專線：(02) 25007718・(02) 25007719
服務時間：週一至週五09:30-12:00・13:30-17:00
24小時傳真服務：(02) 25001990・(02) 25001991
郵撥帳號：19863813　戶名：書虫股份有限公司
讀者服務信箱：service@readingclub.com.tw
城邦讀書花園：www.cite.com.tw
香港發行所／城邦（香港）出版集團有限公司
香港灣仔駱克道193號東超商業中心1樓
E-mail：hkcite@biznetvigator.com
電話：（852）25086231　傳真：（852）25789337
馬新發行所／城邦（馬新）出版集團【Cite (M) Sdn. Bhd. (458372 U)】
11,Jalan 30D/146, Desa Tasik,Sungai Besi,
57000 Kuala Lumpur, Malaysia
電話：（603）90563833　傳真：（603）90562833

封面設計／徐璽
電腦排版／新鑫電腦排版工作室
印　　刷／韋懋印刷傳媒股份有限公司
總 經 銷／聯合實業有限公司
電話：(02)29178022　傳真：(02)29156275

■2011年01月04日初版一刷　　printed in Taiwan
■2017年12月01日初版3刷
定價260元

城邦讀書花園
www.cite.com.tw

 ISBN 978-986-120-505-2

廣　告　回　函
北區郵政管理登記證
台北廣字第00791號
郵資已付，免貼郵票

104　台北市民生東路二段141號2樓

英屬蓋曼群島商家庭傳媒股份有限公司城邦分公司　收

請沿虛線對摺，謝謝！

書號：BK9025　　書名：中文經典100句——禮記

請於此處用膠水黏貼

讀者回函卡

不定期好禮相贈！
立即加入：商周出版
Facebook 粉絲團

感謝您購買我們出版的書籍！請費心填寫此回函卡，我們將不定期寄上城邦集團最新的出版訊息。

姓名：＿＿＿＿＿＿＿＿＿＿＿＿＿＿＿＿ 性別：☐男 ☐女

生日：西元＿＿＿＿＿＿年＿＿＿＿＿＿月＿＿＿＿＿＿日

地址：＿＿＿＿＿＿＿＿＿＿＿＿＿＿＿＿＿＿＿＿

聯絡電話：＿＿＿＿＿＿＿＿＿＿ 傳真：＿＿＿＿＿＿＿＿＿＿

E-mail ：

學歷：☐ 1. 小學 ☐ 2. 國中 ☐ 3. 高中 ☐ 4. 大學 ☐ 5. 研究所以上

職業：☐ 1. 學生 ☐ 2. 軍公教 ☐ 3. 服務 ☐ 4. 金融 ☐ 5. 製造 ☐ 6. 資訊
☐ 7. 傳播 ☐ 8. 自由業 ☐ 9. 農漁牧 ☐ 10. 家管 ☐ 11. 退休
☐ 12. 其他＿＿＿＿＿＿＿＿＿＿

您從何種方式得知本書消息？

☐ 1. 書店 ☐ 2. 網路 ☐ 3. 報紙 ☐ 4. 雜誌 ☐ 5. 廣播 ☐ 6. 電視
☐ 7. 親友推薦 ☐ 8. 其他＿＿＿＿＿＿＿＿＿＿

您通常以何種方式購書？

☐ 1. 書店 ☐ 2. 網路 ☐ 3. 傳真訂購 ☐ 4. 郵局劃撥 ☐ 5. 其他＿＿＿＿

您喜歡閱讀那些類別的書籍？

☐ 1. 財經商業 ☐ 2. 自然科學 ☐ 3. 歷史 ☐ 4. 法律 ☐ 5. 文學
☐ 6. 休閒旅遊 ☐ 7. 小說 ☐ 8. 人物傳記 ☐ 9. 生活、勵志 ☐ 10. 其他

對我們的建議：＿＿＿＿＿＿＿＿＿＿＿＿＿＿＿＿＿＿＿＿

請於此處用膠水黏貼